气相色谱分析与变压器故障诊断

刘新良 著

中国铁道出版社

2012年·北京

内容简介

本书以经典的气相色谱分析理论和作者多年来的现场实际经验为基础，依次介绍了开展气相色谱分析的意义；牵引变压器的结构特点及其与故障诊断有关的部件；利用油中溶解气体含量诊断充油电气设备故障的基本原理；气相色谱分析操作中的关键技术要领；常用的故障诊断方法；几种常见设备发生故障时的典型特点；故障预报及故障处理流程等方面内容。

本书适合中、高级色谱分析人员借鉴使用。

图书在版编目(CIP)数据

气相色谱分析与变压器故障诊断/刘新良著．—北京：中国铁道出版社，2012.11

ISBN 978-7-113-15468-4

Ⅰ.①气…　Ⅱ.①刘…　Ⅲ.①气相色谱—化学分析—应用—电力机车—牵引变压器—故障诊断　Ⅳ.①U264.3

中国版本图书馆 CIP 数据核字(2012)第 234767 号

书　　名：气相色谱分析与变压器故障诊断
作　　者：刘新良　著

责任编辑：孙　楠　**编辑部电话**：(010)51873421　**电子信箱**：tdpress@126.com
编辑助理：侯跃文
封面设计：崔　欣
责任校对：胡明锋
责任印制：陆　宁

出版发行：中国铁道出版社（100054，北京市西城区右安门西街 8 号）
网　　址：http：//www.tdpress.com
印　　刷：北京市昌平开拓印刷厂
版　　次：2012 年 11 月第 1 版　2012 年 11 月第 1 次印刷
开　　本：787 mm×1 092 mm　1/32　印张：5　字数：112 千
印　　数：1～2 000 册
书　　号：ISBN 978-7-113-15468-4
定　　价：20.00 元

笔者的话

运行中变压器油的气相色谱分析，是用来发现和判断变压器等充油电气设备内部有无潜伏性故障的一种检测技术，这几乎是尽早发现变压器等设备内部潜伏性故障唯一有效的手段。目前，大型电力变压器故障诊断方面的书籍较多，但关于电力机车牵引变压器故障诊断方面的书籍市面上还没有，故急需系统介绍电力机车牵引变压器故障诊断特殊性的相关书籍，笔者应广州铁路（集团）公司机务处领导之邀，特撰写本书。

本书以经典的色谱分析理论和笔者多年来的现场实际经验为基础，引用笔者多年来现场工作所获得的完全真实的数据，力求用浅显、易懂、易记的图片和语言，详细地讲解气相色谱分离技术、色谱分析操作要领、色谱分析结果与设备故障之间的关系、故障诊断流程和方法以及故障处理基本过程等。本书重点是变压器油色谱分析操作过程及相关技术要领的经验总结，故障诊断的思路、流程和方法，变压器、潜油泵、线圈引出线、出线装置故障和变压器受潮时在色谱分析数据方面的典型特点。同时，本书也介绍了故障预报的写作特点和要求。希望对从事气相色谱分析和变压器故障诊断的有关人员有所帮助。

本书共分为六章，依次介绍了铁路有关站段开展气相色谱分析的意义；牵引变压器的结构特点及其与故障诊断有关的部件；利用油中溶解气体含量判断充油电气设备故障的基本原理；利用色谱仪分析油中特征气体含量；变压器内部潜伏性故障诊断方法；几种常见设备发生故障时的典型实例以及故障预报报告的写作特点。本书以真实的实例讲解故障诊断的步骤、流程和方法，希望在增强色谱分析结果一致性，提高故障诊断成功率和故障处理效率等方面，对相关人员有所借鉴和帮助。

本书适合中、高级色谱分析人员借鉴使用。初学者阅读本书时遇到的关于基础知识的困难和问题，可参阅笔者于2000年编写的《铁路机务化验知识汇编》或参阅于2008年编写的《化验分析工培训教材》。

本书关于故障判定“条件论”，故障色谱分析“特点论”以及固体绝缘热分解判别等新观点或方法，是笔者在有限时间、有限范围、有限样本的条件下的归纳和总结，是否恰当、是否具有永久的可重复的科学性，有待时间、空间和广度的进一步验证，希望能与有兴趣的读者朋友共同研究和探讨。

由于时间仓促，再加上自身工作范围和工作经验的局限性，文中定有许多不妥、不当，甚至错误之处，敬请各位读者批评指正。

刘新良

2012年6月于怀化

目　录

第一章　铁路开展色谱分析的目的和意义

一、电力机务段、供电段开展气相色谱分析的意义

2009 年 7 月 26 日上午 8 时 15 分，兰州铁路局兰州西机务段的 SS_{7C} 型 0126 号机车，牵引由西安开往乌鲁木齐的 1043 次旅客列车经由兰新铁路运行。当列车运行至打柴沟和龙沟之间乌鞘岭特长隧道内，机车主变压器突然起火，经铁路、消防等部门紧急处置，1 700 余名旅客徒步离开隧道，机车大火被扑灭，未造成人员伤亡，铁路行车一度中断。如图 1-1 所示。经调查认定，火灾系由主变压器油箱泄漏引起。

图 1-1　SS_{7C}型 0126 号机车烧毁前后对比

2010 年 6 月 30 日，一度被火车迷们戏称为“美女”的 SS_{7E}型 0128 号电力机车牵引 T162 次旅客列车，在胶济铁路济南章丘段起火，造成胶济客运专线中断行车 5 小时，构成行车大事故。外观设计很漂亮的“美女”立即变成了满脸疤痕的“黑妹”，该机车在事故中报废。如图 1-2 所示。这又是一次深刻的教训！这一次发生机车火灾大事故后，立即引起了路

内机车检修和变压器运行维护人员的高度重视，为认真吸取济教训，杜绝此类事故再次发生，铁道部运输局立即下发了《关于确保电力机车变压器可靠运用有关要求的通知》（运装机检电〔2010〕2124 号）、《关于进一步开展机车专项整治工作的通知》（运装机检电〔2010〕2323 号）两个电报。迅速在全路开展了规模空前的防火大检查和以电力机车主变压器、高压互感器、电线路等的质量和运行技术参数为主要内容的专项整治，至今大家仍然记忆犹新。

图 1-2　SS_{7E}型 0128 号机车火灾前后对比

运行中变压器油的气相色谱分析，是用来判断变压器内部有无潜伏性故障的一种检测技术。目前，这几乎是尽早发现变压器内部潜伏性故障唯一有效的手段。

早期预测变压器等充油电气设备内部故障，是极为重要的。作为绝缘监测的手段，以前曾采用直流电阻、绝缘电阻、介损测量、交流耐压和局部放电测量等电气绝缘特性试验。但是这些试验的共同缺点是要求被试设备停运，而且只有当故障发展到一定程度才能检测诊断出来，很难检测出事故发生前的极小内部故障（潜伏性故障或“慢性病”）。后来人们在生产实践中逐步了解到，充油电气设备内部绝缘油、绝缘纸、绝缘漆等材料，在热和电的作用下，会逐渐老化或分解，同时产生少量的各种低分子的烃类及 CO 和 CO_2。若存在潜伏性过热或放电等故障时，会加快这些气体（统称故障气体或特征气体）的产生速度。进一步的研究表明，故障气体的组成及含量与故障的类型、故障的状况及故障的严重程度等有着密切的联系。因此分析变压器油中故障气体的组成及含量，就可早期掌握并及时预报变压器内部的潜伏性故障，从而防止事故于未然，保证铁路运输生产安全。单纯依靠气相色谱分析结果，并参考油品质量化验结果对变压器进行故障诊断的方法，就是变压器的非电量诊断法。

电力机务段、供电段除进行日常的变压器油理化检验外，还应开展气相色谱分析工作。对于供电段的固定式变压器可参照电力部门的经验进行管理，但对于电力机车主变压器（以后简称机车主变或主变）的气相色谱分析检测，因运行工况有很大的不同，在诊断结果的准确性上也有较大的区别。目前尚无可靠的经验，还在不断摸索之中。

气相色谱分析和故障诊断就是专门用来发现变压器内部及相关设备的“慢性病”的。目前，几乎只有这条途径是唯一有效的。对于突发性故障，本方法往往因检测周期长，难以恰好遇到故障刚刚发生就取样分析的情况，因此对于突发性严重故障，本方法就会显得力不从心。

二、机务段技术部门加入故障诊断的特殊意义

非电量诊断法是变压器故障诊断的“初级阶段”，其诊断的准确性具有一定的局限性，特别是在故障定位方面，即使经验丰富的专家，也还只能给出大致的范围。例如，只能给出绕组、出线装置等大致范围，还不能具体到哪个绕组、哪个接线柱等。正如一名经验丰富的外科医生，仅凭血液化验结果很难确诊病人的慢性疾病到底发生在哪个器官的哪个具体部位

一样。目前，化验室担负着机车牵引变压器状态监控的重大责任，但因历史或因色谱分析和故障诊断工作暂时还不为众人所熟知等原因，色谱分析工作一直还不太被重视，化验室开展故障诊断工作往往都是在单打独斗，即使发现了问题，进行了很周密的跟踪分析，但最终因方法的局限性，致使诊断结果的准确性受到限制，验证诊断结果和缩小定位范围的工作比较困难。甚至，因技术部门的不了解，准确的诊断结果也很难得到技术部门的信任和重视。这是目前机务段牵引变压器故障诊断与处理的现状。

变压器故障诊断的高级阶段是“综合诊断”。即综合色谱分析、变压器油常规分析、绝缘电阻测量、直流电阻测量、耐压水平测量、糠醛分析、聚合度分析、微波定位、超声波定位、变压器油温监测、外观检查、吊芯检查等，或经典、或先进的方法和技术，对变压器进行全方位检测和分析，进而准确诊断故障性质、故障部位、故障严重程度。当然，现在机务段技术部门自身并不具备这样的分析、检测和处理能力。但技术部门可以其对外的权威性，做到“借人之长、补己之短”，充分借用变压器生产厂家专业的检测技术和检修能力，实现变压器故障的综合诊断，大大提高故障诊断的准确性。技术部门同志的加入，为实现综合诊断提供了可能，将使变压器故障诊断进入一个崭新的时代，将使变压器故障诊断更为准确和有效，定位更为准确。

三、非电量诊断法发现和诊断故障的基本过程

1. 例行气相色谱分析

铁道部 1300 号部令规定“运行机车绝缘油的气相色谱分析，每年应定期检验一次”。2009 年兰州局 SS_{7C} 型机车主变压器火灾大事故后，铁道部运装机检电〔2010〕2124、2323 号

电报以及运装机运电〔2010〕2383 号文电要求气相色谱分析每年应定期检验二次。同时对车顶高压电流互感器也做出了应进行色谱分析的要求。但因化验室人员配备不够、车顶取样作业难度较大等因素，目前，坚持对高压互感器进行色谱例行跟踪的单位并不多。

保质保量的对机车主变压器（以下简称主变）例行色谱分析，是发现可疑主变和重点跟踪机车的前提。怀化机务段自 1994 年正式开展色谱分析工作以来，坚持按要求，每年对所有机车变压器都进行了至少一次色谱分析，对于存在问题的机车，建立重点跟踪机车动态库，并立即加密跟踪，有的一年内甚至加密跟踪十余次。由于长期的坚持，已经形成了比较全面的原始数据库。机车主变内部气体的变化状况基本上都在色谱分析人员的掌握之中。因此，虽然对变压器内部的故障判断比较难，但我们的预报基本上是准确的。我们不仅能诊断故障的性质，还能较准确地预测到故障的部位（范围）。这得益于我们将近 20 年的坚持和巨量原始数据的积累。

由于色谱全密封取样作业的标准高、要求严，取样的准确性直接关系到色谱分析结果的准确性，关系到是否能及时发现和准确诊断故障。因此，在例行分析工作中，化验室色谱分析岗位上的同志要敢于挑起重担，亲自上车取样，以确保分析结果的准确性。同时，要对数据进行经常性地分析和对比，才能及时发现问题。

2. 加密重点跟踪分析

在例行分析的基础上，要注意对存在问题的机车，建立重点跟踪机车动态库，制定合理的加密跟踪计划，并实施加密跟踪，以确认故障的发展趋势。对于故障发展速度较快的机车，有时甚至十天半月就需要连续加密跟踪。这就要求从事色谱分析工作的人员要有吃苦耐劳、甘于寂寞、善于思考的素质和精神。由于取样作业要求高，色谱取样人员每天蹲在机车下部(或内部)极为狭小的取样空间内，一动不能动，几台机车取样结束，往往腿都要发抖，痛上好几十分钟；辛苦跟踪一、两年的数据一般都很难发现变压器内部细小却缓慢发展的潜伏性故障，难以在短时间内出成绩，得到单位领导的重视；有时，分析数据明明显示有故障，却无法用《变压器油中溶解气体分析和判断导则》(以下简称《导则》)推荐的方法做出正确判断等，但越是这样，越要耐得住寂寞，越要严格执行好加密跟踪计划，这样才能实时掌握故障的发展趋势。

加密跟踪有时需要技术科配合或帮助，主要是在库内适时找到机车取样的问题。长时间不能履行加密跟踪计划时，化验室应该向技术科说明，技术科可以用技改、扣修等理由将机车扣在库内方便取样分析。

特别提示化验室的同仁们，要强化责任心，我们要通过各种途径，大力宣传色谱分析工作在保证机车质量，保证运输安全方面的特殊作用，并通过扎实细致、科学严谨的工作，努力为段安全生产作出贡献。

3. 故障诊断与故障预报

故障诊断与故障预报是一项科学、细致、严谨的工作，不仅需要大量的跟踪分析数据支持，而且对诊断人员的业务技术水平和故障诊断经验也提出了较高的要求。因此，故障诊断人员不仅要善于思考、善于学习、善于借鉴和总结，而且要胆大心细，敢于设想故障的可能情况，然后再用分析数据加以验证。实在不能下结论时，也要敢于在故障发展到一定程度时将问题及时暴露出来，以求集思广益。

技术部门对化验室出具的故障预报应有正确地认识。现在，机车变压器的潜伏性故障情况，几乎掌握在人数极少的色谱分析人员手中，从事色谱分析的技术人员担负着防止机车牵引变压器火灾、爆炸等大事故的重大责任。因此，不要老抱着化验员只会摇瓶子，只能化验油水质量的老观念，以为仅凭在车外取点油样化验化验，不可能真正发现变压器内部的问题。或者自高自大，认为化验室只需要出数据，故障判断、查找和处理都是技术科的事，实际上对色谱技术是干什么的都不知道。这些观念理应彻底改变，因为色谱分析人员经过长期辛苦工作，最终出示的故障预报，应该得到技术部门的尊重和重视。

4. 故障的查找与处理

通过周密的色谱跟踪分析，准确诊断故障，这只是解决变压器潜伏性故障的一个阶段，最终还是要通过技术措施彻底消除故障。因此化验室和技术部门要密切配合，才能最终消除故障，并不断提高故障诊断水平。

(1)化验室：化验室通过色谱分析能够发现问题。特别提示色谱分析人员在认真分析，取得大量原始数据，并科学认真地进行故障诊断后，不要怕诊断不准丢面子，对于一个复杂问题的认识都有逐渐提高的过程。要敢于暴露问题，并善于汇报问题，以求尽快得到领导和技术部门同志的重视和支持。怀化机务段化验室 2012 年 5 月集中预报 3 台机车故障后，先后在修程会、段交班会做了通报，并提出了初步检查和运行监控的重点。现在回想起来，当时在会上提出的检查和监控重点并不完全正确，也不全面，但“变压器有问题，必须尽快处理”的问题暴露了，段领导们重视了，技术部门迅速行动起来了，解决问题也就顺畅多了。

(2)技术部门：

①技术部门收到故障预报后，立即予以重视并迅速响应，指派专人负责全过程处理，并做相应的、自己能做的检查。

②以段技术部门的权威性，向变压器生产厂方提出故障

报告和派技术人员到现场检查的明确要求。如需回送,也需有明确的方案。

③厂方技术人员到现场后,检修技术员注意通知故障诊断人员,与厂方技术员协同检查,并记录检查过程的各个详细细节。

④初步检查之后,最好有段领导出面或主持,召开至少有技术科科长、检修技术员、化验室故障诊断人员以及厂方技术人员参加会诊的故障诊断分析处置会,进一步诊断故障,确定下一步处理方案。这其实就是一个“综合诊断”的过程。

⑤每一次现场检查和处理,都注意通知故障诊断人员到现场,让他们在故障处理过程中验证诊断结果,学习现场处理的方法,积累经验,提高故障诊断水平。回送厂方处理时,也尽量安排故障诊断人员出差学习和验证。

⑥技术部门应该尽快建立故障诊断预报处置程序这一基本制度。

5. 故障处理后的后续跟踪监控措施

故障处理完毕,首先要做好跟踪确认工作,以判断故障是否彻底处理完毕。确认问题彻底解决了,才可转入例行分析。

(1)故障处理后的其他措施

应对变压器油进行彻底的脱气处理,必要时应进行滤油或再生处理,确保变压器油达到规定的技术要求。

对已经存在或处理过程中可能产生的变压器外电路问题进行彻底处理。

(2)跟踪监控途径

目前没有其他可靠途径,主要还是要依靠气相色谱跟踪分析结果进行判定。色谱分析人员应切实履行好自己的职责。

(3)跟踪监控时间

一般至少需要3个月。因为变压器油进行脱气等措施处理后，油中的气体被脱除了，但吸附在器芯上的气体还有很多，它们会逐渐释放到油中。如果短时间内连续取样跟踪，不仅浪费人力物力，还会产生变压器内继续产气的假象。因此，脱气处理后，只要变压器油的质量达到要求，外电路也没有问题了，就可以允许先上线运行。气体释放一般1～2个星期达到稳定状态，这时候开始第一次取样才能较准确地反映油中气体含量的初始值，作为以后跟踪监控的依据。

3个月内加密取样不少于3次，根据加密取样分析结果判定变压器故障是否彻底消除。

监控运行结束后，最好以书面报告向技术科和段领导汇报监控运行结果。

(4)跟踪监控时需要其他部门配合的内容

①加密跟踪运行中的机车，首先要在库内找到该机车。但因机车使用频率高，色谱分析人员很难在上班时间内找到。这时就需要技术科、运用科等部门及时将车扣在库内。

②建议各段信息科将库内机车查询系统安装到化验室已经联网的计算机上，以便化验室色谱分析人员能随时查询被监控机车是否入库和在库内的位置，方便取样。

③化验室色谱分析人员应具备高度的责任心和耐力，预设监控取样时间快到时，一定要用心查找该监控机车是否在库内，一旦发现，立即取样。实在无法及时取样时，应及时提出，请技术部门帮助。

1. 电力机务段、供电段为什么要大力开展气相色谱分析工作？

2. 什么叫变压器的“非电量诊断法”？这种方法有何局限性？

3. 什么是变压器的“综合诊断法”，需要做哪些检查？

4. 各部门如何配合才能准确诊断和及时处理变压器故障？

5. 从事色谱分析和故障诊断人员应具备怎样的素质和条件？

6. 故障处理完毕，还需要做好哪些工作？

第二章　牵引变压器概述

一、牵引变压器的基本结构

牵引变压器主要由变压器器身(图 2-1)、油箱、冷却装置、保护装置和出线装置五部分组成。下面主要介绍与变压器内部潜伏性故障诊断有关的部件,主要是组成器身的铁芯、绕组、绝缘材料,组成变压器油冷却系统中的潜油泵、冷却油路系统以及出线装置中的引出线、导电杆、夹套等。

1. 铁芯

铁芯是构成变压器的闭合磁路和可靠的支撑变压器绕组。要求具有良好的导磁性能及坚固的结构。一般都是采用硅钢片叠装而成,并用夹紧装置夹紧成为坚实的整体。铁芯柱还用环氧玻璃胶带(固体绝缘材料之一)绑扎加热固化。按其结构形式可分为芯式和壳式两种。芯式铁芯是将原、次边绕组绕在两个芯柱上,而壳式铁芯则是将原、次边绕组都套在中间的一个芯柱上。国产电力机车的 TBQ 系列牵引变压器和供电段用到的牵引变压器绝大部分都是芯式铁芯。

图 2-1　牵引变压器

2. 绕组(线圈)

绕组由导线和绝缘零件组成。绝缘零件构成绕组的主绝缘和从绝缘,使绕组固定在一定的位置上,并形成冷却油道。绕组是变压器中最关键部件,它必须具有足够的绝缘强度、机械强度、耐热能力及良好的散热条件,还要具有合理的工艺性和经济性。绝缘零件包括绝缘木、绝缘胶木、绝缘漆、绝缘纸、环氧玻璃胶带、捆扎布等。这些都是我们常说的固体绝缘材料。

绕组按结构形式分为同芯式和交叠式两种。

3. 油箱

油箱是油浸式变压器的外壳。变压器身就放置在此油箱内,箱内充满变压器油。牵引变压器内部充有 25 号或 45 号变压器油。在油箱的下部有一个油样活门,接取油样就在活门处进行。

4. 保护装置

保护装置包括油枕(储油柜)、油位表、吸湿器(内装变色硅胶)、压力释放阀(防爆阀)、测温机构等。

5. 潜油泵

潜油泵用来强迫变压器油循环,以增强变压器的散热能力。因变压器油流经潜油泵,可能导致变压器油中溶解气体发生改变,所以有必要介绍潜油泵的结构特点。下面以 SS_3 型电力机车的 TG80-200/10D-2 型潜油泵(图 2-2)为例来进行介绍。

图 2-2　潜油泵外观图

潜油泵采用的结构形式是电动机与悬臂离心式泵组合为一体，冷却方式为油内冷循环，入口油温不超过 80 ℃时能长时间连续运行。

电动机为特殊设计的三相鼠笼式异步电动机，能在热的变压器油内长期运行，电动机的热量一部分经变压器油传给机壳，再散发到空气中，但主要热量是经泵壳的高压油区，由前轴承座上的几个小孔将油压入机体内，经绕组、铁芯、后轴承，再经电动机轴中心回油孔和前轴承，而后流回泵壳的低压油区，如此进行循环冷却。此外，油的循环润滑了轴承，保证了油泵能长期连续工作，如图 2-3 所示。

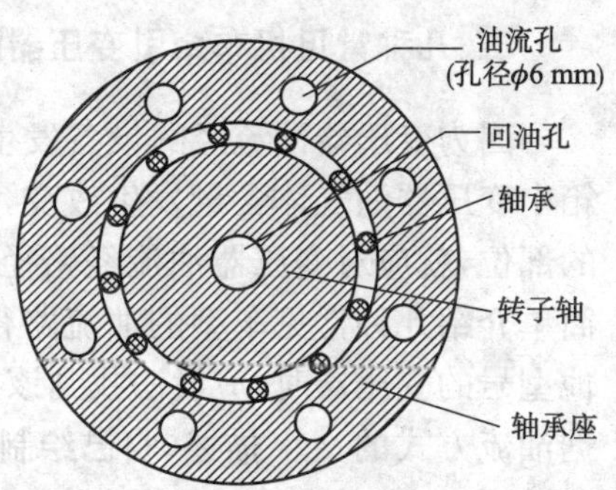

图 2-3　变压器油流入潜油泵方式

6. 出线装置(图 2-4)

出线装置包括夹套、导电杆、瓷瓶、引出扁线以及固定、密封等装置。高压线圈引出线通过软的扁铜线，采用搭扣焊接方式与导电杆相连接，焊接处一般用绝缘布或涂有绝缘漆的棉布包扎。外电路通过夹套和导电杆相连接。夹套和导电杆之间接触不良，将导致油中气体含

图 2-4　出线装置全景图

量异常。油箱盖上有各种套管，套管内充有变压器油。在牵引绕组各套管（电流很大）处，采取了隔磁措施，即用非导磁的耐酸钢把箱盖上的漏磁通路隔断。出线装置的故障一般比较频繁。

二、几种常见机车牵引变压器的油流路径

因为变压器油流经的设备发生故障，都可能导致整个油箱中变压器油气体含量发生改变，为准确判定可能发生故障的部位，就应对变压器油流经路径有比较清楚的了解。这里简单介绍几种常见车型的油流路径，同志们在工作中遇到其他型号的变压器时，应设法找到该机型的油流路径图，或者根据油流方式的文字描述，自己绘制该机型的油流路径示意图。这样对以后的故障诊断和故障处理将大有帮助。同时，应记住每种机型牵引变压器的变压器油总量，方便今后故障诊断计算。

1. SS_3 型电力机车 TBQ3-7000/25 型主变压器冷却系统油路

SS_3 型电力机车主变压器为单相降压变压器。主体油箱盛油约 2 900 kg，总计盛油约 3 300 kg。潜油泵型号为 TG280-200/10D-2。

冷却方式为强迫油循环风冷（OFAF）：热油从油箱上部出油口抽出，经油流继电器进入潜油泵的进油口，潜油泵打出来的油进入散热器，被风吹冷后，进入油箱的下部，流经变压器器身后，再从油箱上部出油口抽出，如此循环，如图 2-5 所示。

2. SS_6 型电力机车 TBQ7-7324/25 型主变压器冷却系统油路

SS_6 型电力机车主变压器为单相降压变压器。主体油箱盛油约 3 400 kg，总计盛油约 3 600 kg。潜油泵型号为 TG_{1B} 80-200/10D-2。

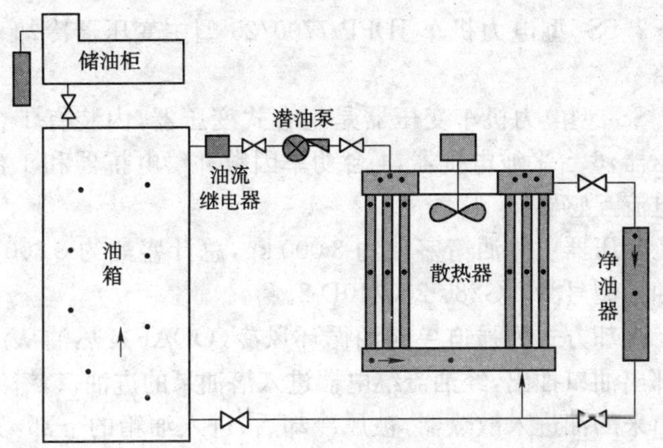

图 2-5　SS_3 型电力机车主变压器强迫油循环风冷流程图

冷却方式为强迫油循环风冷（OFAF）：热油从油箱上部滤波电抗器上方的出油口抽出，经油流继电器进入潜油泵的进油口，潜油泵打出来的油进入散热器，被风冷却后，进入油箱的下部，流经变压器器身后，越过屏蔽板，流过滤波电抗器后，再从上部出油口抽出，进入潜油泵，如此循环，如图 2-6 所示。

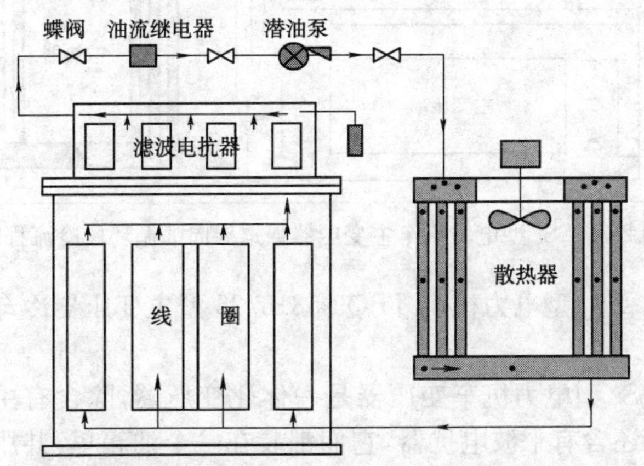

图 2-6　SS_6 型电力机车主变压器强迫油循环风冷流程图

3. SS_7 型电力机车 JDFP-7700/25 型主变压器冷却系统油路

SS_7 型电力机车变压器是组合式变压器，内装有 1 台主变压器，6 台平波电抗器，4 台功率因数补偿电抗器和 1 台高压电流互感器。

变压器主体油箱盛油约 3 000 kg，总计盛油约 3 300 kg。潜油泵型号为 TG280-200/10D-2。

冷却方式为强迫导向油循环风冷（ODAF）：热油从油箱上部出油口抽出，经油流继电器进入潜油泵的进油口，潜油泵打出来的油进入散热器，被风冷却后，进入油箱的下部，流经变压器器身后，越过油流导向板，再流过平波电抗器后，从上部出油口抽出，进入潜油泵，如此循环，如图 2-7 所示。

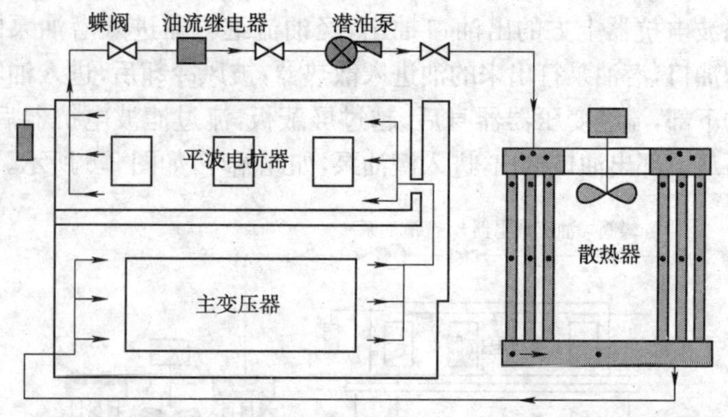

图 2-7　SS_7 型电力机车主变压器强迫导向油循环风冷流程图

4. SS_8 型电力机车 TBQ9-5816/25 型主变压器冷却系统油路

SS_8 型电力机车变压器是一体化变压器，除含有主变压器外，还含有平波电抗器，它们都装在一个油箱里，共用一个冷却系统。盛油 2 150 kg。配用的潜油泵型号为 TG_{1B} 80-

200/10D-2。

冷却方式为强迫油循环风冷(OFAF):热油从油箱上部出油口抽出,经过油流继电器进入潜油泵的进油口,潜油泵打出来的油进入散热器,被风冷却后,进入油箱的下部,流经变压器器身后,越过屏蔽板,再流过平波电抗器后,从上部出油口抽出,进入潜油泵,如此循环,如图 2-8 所示。

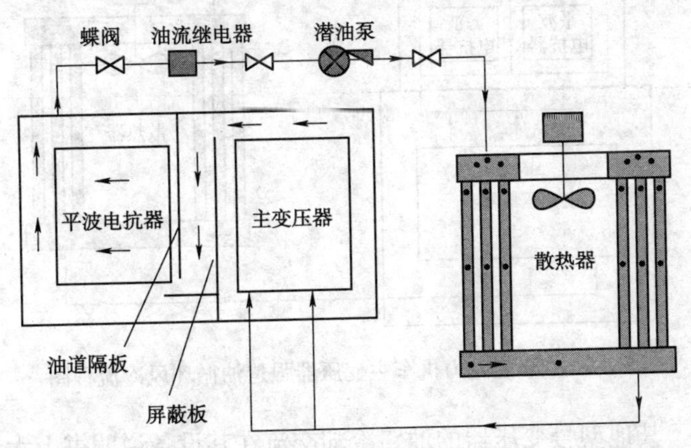

图 2-8 SS_8 型电力机车主变压器强迫油循环风冷流程图

5. SS_9 型电力机车 TBQ12-8668/25 型主变压器冷却系统油路

SS_9 型电力机车变压器为单相降压器。除含有主变压器外,还含有平波电抗器,它们都装在一个油箱里,共用一个冷却系统。盛油 2 850 kg。配用的潜油泵型号为 TG_{2A} 95-170/10D。

冷却方式为强迫油循环风冷(OFAF):热油从油箱左上部(平波电抗器上方)出油口抽出,油流经潜油泵加压后,进入散热器。热油被风冷却后,沿油道进入主变压器油箱下部,先冷却变压器的铁芯、线圈,然后油流顺着油道经过滤波电抗器、平波电抗器，最后流回到油箱左上部的出油口，如此循环，如图 2-9 所示。

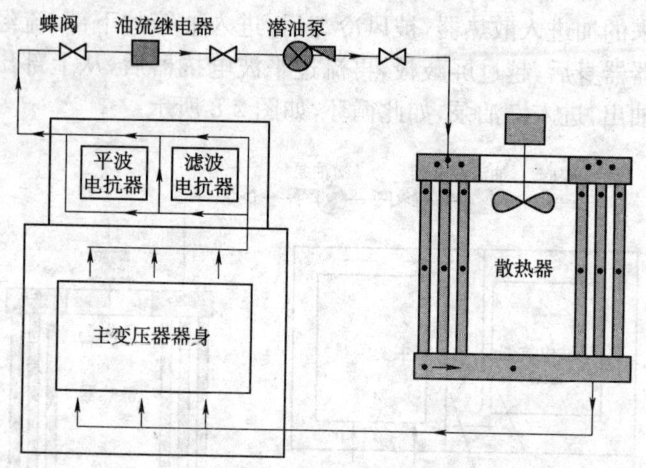

图 2-9　SS_9 型电力机车主变压器强迫油循环风冷流程图

其他型号变压器的油路冷却交流在其设备说明书上大都有介绍。为了更好地分析故障，建议化验室色谱分析人员和技术部门故障检查人员对本单位已有的每一种型号的变压器冷却油路都应详细了解。

三、变压器内部绝缘及其分解产气的特点

1. 液体绝缘材料

液体绝缘材料就是变压器油，铁路用牵引变压器绝大部分使用 25 号变压器油。其主要技术指标应符合要求。遇下述情况：运行中闭口闪点与前次分析结果相比降低 2 ℃及以上时，应进行色谱分析，以确认闪点降低是否由油中可燃性气体增加而引起。运行中绝缘强度趋势性降低、或微量水分趋

势性升高、或酸值明显增加、或介质损耗因数显著增加时，也应进行气相色谱分析，主要考察 H_2 的增加情况，以便确认是否因变压器受潮引起；同时确认变压器油闪点降低，是否因油中易燃气体而引起。

(1)关于变压器受潮

变压器油色谱分析结果显示 H_2 含量特别高而烃类气体含量并不高，则应重点考察变压器是否受潮。

一方面，要督促检修人员注意观察和更换硅胶，另一方面也要在取油样时特别注意变压器内部是否出现了负压或超压。一旦出现负压或超压，最大的可能就是吸湿器因安装问题而失去了除湿和呼吸的作用。吸湿器被人为堵死，不能呼吸，潮湿空气不得不通过其他孔隙直接进入变压器。解决的办法就是去掉橡胶密封垫，并在帽盖中加入适量(液面距离帽盖安装螺栓孔口部 3～5 mm)的合格变压器油，然后拧紧帽盖。特别提示，变压器储油柜上方有一个可以连通大气和油箱的螺堵，平常应该是拧紧的，一旦被拧开，将致使吸湿器失效。

表 2-1　某变压器因受潮在色谱分析数据上的表现举例(μL/L)

分析日期	H_2	CO	CO_2	CH_4	C_2H_6	C_2H_4	C_2H_2	ΣCH	三比值
2005.03.08	0	16.6	571.7	1.1	0.8	1.4	0.24	3.6	
2006.03.27	45.4	155.6	1729.2	9.14	3.4	5.20	0.44	18.2	
2006.07.17	204.6	896.8	9120.4	30.4	11.1	26.5	1.86	69.8	0：0：1
2006.12.04	312.7	1095.6	9668.7	45.3	11.3	36.6	2.03	95.5	0：0：2
2007.02.07	319.8	1055.9	11831.1	49.6	13.5	40.9	2.86	106.8	0：0：2
2009.09.23	745.17	1294.77	21521.16	43.55	15.42	55.01	2.02	116.00	0：1：2

(2)吸湿器失效时的特点

从表 2-1 数据可以看出，该变压器受潮时，H_2 含量特别高而烃类气体含量并不高。H_2 在氢烃类气体中的比重很大。吸湿器失效时间过长，还可能导致 CO、CO_2 增加，变压器油的击穿电压出现趋势性下降，微量水分出现趋势性上涨。

(3)液体绝缘材料分解产气的特点

表 2-2　绝缘油分解在色谱分析数据上的特点举例　($\mu L/L$)

分析日期	H_2	CO	CO_2	CH_4	C_2H_6	C_2H_4	C_2H_2	ΣCH	三比值
2009.06.01	160.15	57.92	286.16	189.56	23.66	436.46	246.63	896.31	1∶2∶2
2009.09.29	119.66	69.70	468.43	159.96	20.28	375.98	183.89	740.11	1∶2∶2
2009.12.07	128.30	61.34	554.72	192.94	24.27	471.23	234.54	922.98	1∶2∶2
2010.02.01	87.93	75.04	701.35	176.71	24.60	455.87	187.74	844.90	

从表 2-2 数据可以看出，单纯的绝缘油分解，烃类气体含量相对较高，而碳的氧化物不高。一般不会出现大量的 CO 和 CO_2，其特征气体主要表现在烃类气体(和 H_2)的增加上。

比较单纯的绝缘油分解实例如 SS_3 型 5078 号机车主变的 a1 柱引出线烧损，如图 2-10 所示。

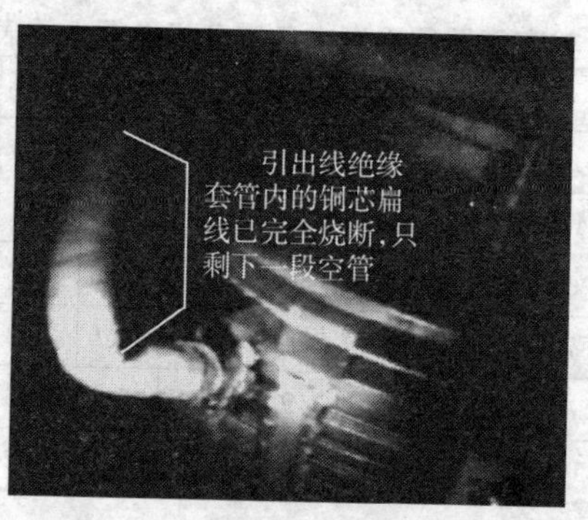

图 2-10　单纯绝缘油分解实例

2. 固体绝缘材料

主要包括绝缘木、绝缘胶木、绝缘漆、绝缘纸、环氧玻璃胶带等。绕组扁铜线外围也包扎有固体绝缘，如图 2-11 所示。

图 2-11　绕组扁铜线外包固体绝缘

(1)固体绝缘材料分解产气的特点

固体绝缘材料正常老化时，一般 $CO/CO_2>7$。当故障牵涉到固体绝缘材料时，一般会产生浓度比较高的 CO 和 CO_2，比值 $CO_2/CO\leqslant3$。

变压器中的固体绝缘材料在热的作用下，会发生分子裂解的化学反应，即热降解反应。热降解使固体绝缘中的纤维素分子链发生解环或断裂，这种断裂也可能只发生在分子链的尾端，把最后一个环链解开，产生 CO 和 CO_2 等气体以及糠醛及其他呋喃化合物等液体。在 150 ℃以上时，纤维素结构中的化学结合水开始被脱除，发生去氢反应，开放式变压器中 O_2 含量较高，部分氢与氧化合生成水，导致进一步水解。试验证明，纤维素的分解作用，至少在温度接近 200 ℃时，仍不会产生大量的烃类气体，但 CO 和 CO_2 增加较快。因此，变压器单纯固体绝缘低温过热故障，会表现出油中气体总烃含量不大，但碳的氧化物含量很高，CO_2 占据主要成分的现象。而且随着老化的加剧，检测油中水分含量可能会持续增加，击穿电压也有可能会相应降低。

(2)固体绝缘材料分解容易误判的情况

经验表明：绝缘纸 200 ℃以下低温热裂解时，主要产生 CO_2，还会产生一定量 CO、C_2H_2 和 CH_4，此时计算三比值，会出现 0：0：1、0：0：2、0：2：1、0：2：2 等组合，可能造成误判断。此时若进一步考虑各气体成分产气速率，如果 CO_2 始终占主要成分，且其产气速率一直比其他气体高得多，对于 0：0：1～0：0：2 及 0：2：1～0：2：2 等组合，应认为是固体绝缘老化或低温过热。

四、潜油泵出现故障时的显著特点

潜油泵在变压器油的冷却过程中扮演了一个重要的角色。第一，变压器油流经了潜油泵内部，因此潜油泵一旦产生过热或电弧，都会使变压器油产生分解，造成变压器油中特征气体含量增加；第二，因流经的量比较小(图 2-3)，因此特征气体含量的增加速度一般不会太快；第三，因油流径体积较小、但固体绝缘较多的油泵内部，一旦潜油泵发热或产生电弧，必然引起固体绝缘热分解，因此油中 CO、CO_2 的含量很高。

表 2-3　潜油泵分解产气在色谱分析数据上的特点举例

分析日期	H_2	CO	CO_2	CH_4	C_2H_6	C_2H_4	C_2H_2	ΣCH
2003.06.26	4.9	52.3	1742	1.4	0.0	7.5	0.0	8.9
2004.04.01	4.4	55.2	656	6.5	3.3	45.8	36.4	92.0
2004.06.17	735.2	334.8	1078	241.8	36.5	453.0	318.5	1049.8
2004.06.25	393.4	145.2	870.4	278.5	40.0	515.4	330.5	1164.4
2004.07.08	647.2	354.4	2343.0	348.6	49.5	681.4	423.4	1502.9
2004.08.04	61.0	85.3	2799.7	140.6	42.4	448.7	266.7	898.4

五、吸湿器及其出现问题时的显著特点

1. 吸湿器

吸湿器装在储油柜上，用金属管与储油柜上部空间连接起来。用以在储油柜和大气之间建立一个通道，保持变压器油不直接与潮湿的空气接触而受潮。吸湿器中装有 1.5 kg 硅胶，干燥时呈蓝色，吸湿后变成红色。吸湿器底部分解图，如图 2-12 所示。

图 2-12　吸湿器底部分解图

检查时，应注意观察吸湿器中硅胶变色情况，当有 2/3 硅胶由蓝色变为红色时，应予以更换。在吸湿器中，其下方有"罩"，"罩"的上端有一个胶垫。当机车运行时，该胶垫应去掉(实际上在新车投入运行前的第一次整修时就应该去掉)，并在罩内注入适量的变压器油，注意该橡胶垫只有在变压器储存时才用。

因为变压器油具有较强的吸湿性，必须予以密封。对于开放式变压器，当油温升高引起储油柜液面上升时，柜内油位上部空间的部分空气要排往大气，当油温降低引起液面下降时，柜内油位上部的空气不足，要从大气中吸进空气，否则就会使变压器内部形成超压或负压。这就要求在储油柜空间与大气之间建立一个通道，这种通道必须能把进入储油柜的空气的湿气除掉，这个任务就是由内部装有 1.5 kg 左右变色硅

胶的吸湿器来完成的。变压器出厂时，为了防止硅胶过快失效，在帽盖与硅胶筒底座之间加入了一块橡胶垫予以密封。

如图 2-13 所示，吸湿器的帽盖是一个非常巧妙的设计。由于变压器油的加入，使得大气与储油柜上部既能建立起通道，又能使大气与吸湿器内的硅胶之间形成类似酸菜坛子的密封效果，保证硅胶不会太快失效。变压器油的加入量应适当，太多容易被吸入硅胶，使硅胶变黑，失去除湿功能；太少则没有密封作用，硅胶很容易失效。

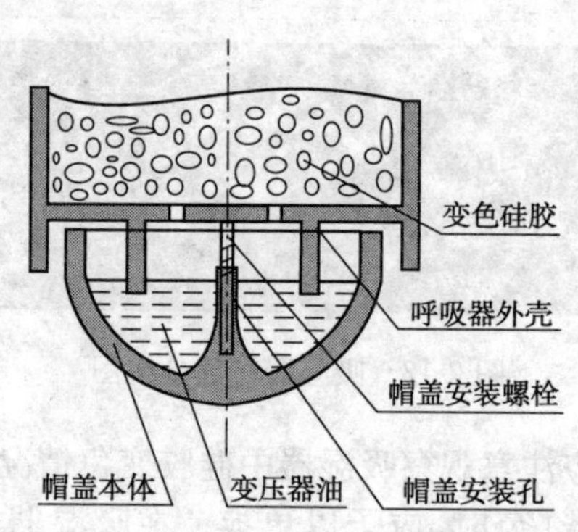

图 2-13　吸湿器自动密封、呼吸原理图

2. 吸湿器不能正常呼吸的严重危害

吸湿器不能随着温度的变化而正常呼吸，变压器内部容易出现负压或超压。一旦出现负压，潮湿空气不得不通过其他的孔隙（如变压器上方的一个螺堵）直接进入变压器。一旦出现超压，就很容易引起防爆阀动作。当压力达到 70 kPa 时，压力释放阀（防爆阀）就会动作报警，喷出气体和油流，遇突发性严重故障时，甚至会导致变压器爆炸。因为故障将导致变压器内部不停地产生气体，防爆阀动作的频率就会加大，突然产气太快时会引起变压器喷油爆炸，甚至起火。

3. 吸湿器正确的使用方法

当电力机车到达使用单位后，进行第一次整修作业时，必须将这块橡胶垫(图 2-12 中的黑色胶圈)取下来，同时向帽盖中加入适量的合格变压器油。油的加入量，以旋紧帽盖时，底座下部的密封檐刚好浸入油中的深度为 5～8 mm 为准(或液面距离帽盖安装螺栓口部平面约 3～5 mm。本要求在笔者所能看到的 SS_1、SS_3、SS_6、SS_{7C}、SS_8、SS_9 的韶山系列电力机车教材中无法查到，系笔者的理解和经验)，然后再旋紧帽盖。

电力机车在正常运用中，应在规定的修程检查变色硅胶的变色状态。当硅胶有 2/3 及以上变成红色时，应立即全部更换。更换时应先注意观察最先变色的部位，正常情况下，应该是下部的硅胶先变色。如果发现上部硅胶先变色，则应检查吸湿器上部的管道或储油柜是否有漏气的地方(如储油柜上方的螺堵是否被打开)并立即消除。同时，应检查帽盖中油位和油的质量是否符合要求。

4. 吸湿器故障在色谱分析数据上的表现

吸湿器出现问题，直接导致变压器呼吸不畅，或虽然能呼吸，但干燥功能失效，最容易导致变压器受潮。这时，在色谱分析数据上往往会显示 H_2 含量特别高而烃类气体含量并不高，H_2 在氢烃总量中的占比非常大，有时达到 70%以上。为了得到并验证这几句简单的话，笔者花费了整整 4 年时间来重点跟踪 SS_3 型 0475 号机车的潜伏性故障，请读者一定要记住这个特点。

六、出线装置构造特点及其故障的色谱分析特征

如图 2-14 所示，出线装置从上往下由夹套、导电杆、固定螺栓、密封件、瓷瓶、软引出扁线(图 2-15)等部件组成。表面上看，出线装置的夹套部分已经不在变压器油中，应该不会引

起变压器油的变化，但实际上瓷瓶内部也充满了变压器油，夹套与导电杆之间接触不良也会引起变压器油的分解。表现在色谱分析数据上有以下一些特点(目前还不全面)。

图 2-14　出线装置内部引出线

图 2-15　引出线多股软扁线

1. 故障初期，出现特征气体含量迅速增长，但在之后的跟踪数据上，往往不具备增长的一贯性，有时甚至会出现较大幅度的下降。这可能是夹套与导电杆之间贴合的紧密度发生变化造成的。因为电力机车运行中颠簸振动很大，引起夹套与导电杆之间的接触面积发生变化，导电性能同样发生变化。导电性能好时，电阻小、发热少，产气量和产气速率就小；反之，产气速率增加，产气量增大。这种变化趋势的不连贯性，正是出线装置部位出现故障后，在色谱分析数据上的一个特点。

2. 故障初期，计算色谱分析结果的三比值，可能出现放电性故障特征（如闪络、电弧、火花放电等），但随着故障延续时间的延长，到了故障中后期，再计算分析结果的三比值，会有逐步演化为低能量放电故障的趋势。这可能是因为夹件之间（夹套与导电杆之间，或引出扁线与线圈引出线之间）的发热或放电，引起了出线装置下部裸露在油中的导体发热或放电所致。也可能是因为特征气体各组分的逸散速度不同，原来溶解在油中的小分子 H_2、C_2H_2 等组分逸散快，而分子量很大的 CO、CO_2 逸散速度慢，导致最终保留在油中的各组分含量的比例关系并不能准确反映故障的真实特征。

3. 虽然碳的氧化物含量很高，但一般难有故障已经涉及固体绝缘的完整结论。也就是说，碳的氧化物含量虽然很高，但往往 $CO_2/CO>3$。因而不能得出故障已经牵涉到固体绝缘的结论。这是因为出线装置周围的固体绝缘很少，CO、CO_2 含量高，主要是油分解的结果。

七、诊断机车牵引变压器故障时应考虑的几个重要因素

1. 机车变压器的振动

一方面因机车在运行中剧烈颠簸和振动，使得溶解在变压器油内的特征气体加速溢出，特征气体的逸散损失率比固定式变压器大。因此在计算产气速率时，应充分考虑气体逸散损失的影响（如未考虑应予以说明）。

另一方面，变压器安装的牢固性也可能直接导致故障的产生。如果引出线焊接不牢固、变压器器芯、器身安装不牢

固，都有可能使得某个接触点出现瞬间通、断（接触不良）的状况，产生发热或放电（电弧）的现象，从而造成绝缘分解。在这种状况下，在故障发展的初期，以电弧放电表现形式居多，但到了故障中晚期，故障性质往往会逐渐演变成过热性故障，而且故障点的温度会越来越高。但这种现象也不是绝对的，只是大部分情况如此，不要生搬硬套。

2. 机车运行的间歇性

由于电力机车在使用中频繁升、降弓，且一个昼夜内运行都没有连续性。因此，在计算产气速率时，应剔除降弓时间，采用实际运行时间。当然，要得到考察期间内机车升弓运行的准确时间是十分困难的。笔者常以机车平均每天运行 20 h 的最大利用率来进行估算。读者有好的方法可拿出来交流。

3. 出线装置、潜油泵和吸湿器故障在故障诊断和检查时应优先考虑

出线装置、潜油泵和吸湿器虽然都是变压器的附属部件，但它们出现问题，将直接影响变压器油中特征气体的含量，因此，判断和检查变压器内部是否存在潜伏性故障时，首先应通过吊换潜油泵、解体检查吸湿器等措施，排除潜油泵和吸湿器方面的故障，或对各绕组的直流电阻进行测量，以便在做出吊芯决定前，彻底排除变压器外围设备的干扰。

而对于 SS_6、SS_7、SS_8、SS_9 等电抗器与主变压器共用油箱的电力机车，在判断故障时，还应特别注意电抗器方面的故障。要特别注意的是，电抗器如发生故障，容易导致突发性事故，其后果会非常严重。

4. 变压器油质量指标的变化情况对故障诊断具有重要的参考作用

试油在慢速、连续的搅拌下，用恒定的速率加热，在规定的温度间隔，同时中断搅拌的情况下，将小火引入样杯内，试

验火焰引起试样上的加热蒸气闪火时的最低温度就是试油的闭口闪点。闭口闪点指标直接反映了油中易挥发组分的成分及含量的高低，在变压器内部潜伏性故障诊断中具有重要的参考价值。闪点下降时，要考察变压器油其他常规质量指标是否出现明显变化，以弄清闪点的下降是因变压器油本身的劣化造成，还是因故障致使油中易挥发的可燃性气体含量增加而导致的。

特别提示油脂化验员，易燃气体变热时易挥发，因此，当怀疑变压器油中含有大量易燃气体时，应降低预期闪点，在100℃左右就开始点火试验，这样才能真正查出油中是否含有大量易燃气体。

另外，变压器油的击穿电压如果出现趋势性下降，同时微量水分如果出现趋势性增长，则应首先考虑变压器是否受潮。这时，只要看看 H_2 的含量是否非常高，H_2 在氢烃类气体中是否占主要成分等就可以判断出来。

八、处理机车牵引变压器故障时应把握的几个观点

1. 滤油、再生等措施不能最终消除变压器内部及其附属装置的故障

这一点化验室的同志现在都有比较清醒的认识，但部分检修技术员习惯了“头痛医头脚痛医脚”的故障处理方式，发现化验室报告变压器油质量有问题，就以滤油的方法提高油的质量指标了事，最终会耽误故障的诊断，引起严重的后果。最少会使故障的准确诊断推迟 1 到 3 个月甚至半年，这期间如果没有进行加密跟踪，难免会出现问题。

2. 不能把故障处理完毕作为潜伏性故障诊断和处理的终点

故障发现、分析、诊断、处理的过程是一个不断循环的过

程。故障检查和处理完毕，不能直接转入例行分析过程，也不能看到故障已经处理了就置之不理，更不能把故障处理完毕作为潜伏性故障诊断和处理的终点。必须经过3个月左右的验证、监控过程，确保问题已经彻底解决，方可转入例行分析。

3. 不能简单以固定式变压器的注意值判定机车牵引变压器的安全性

一方面，我们现在使用的注意值都是大型电力变压器故障诊断的经验总结，不是判断故障是否存在的标准。另一方面，相对于装有几十吨甚至上百吨变压器油的大型电力变压器来说，牵引变压器还属于少油设备。因为油的体积小，一旦有少量气体产生，溶解在油中就会出现较高的浓度而被检测出来。机车牵引变压器内气体含量一般要比供电段的固定式牵引变压器高，有时要高很多倍。因此，不能简单以固定式变压器的注意值判定机车牵引变压器的安全性。这是一些检修技术人员容易犯的观念性错误。因此，当油中气体含量较高，甚至很高时，只要气体产气速率不大或下降，就不要轻易滤油，但必须加密跟踪，以尽快判别故障的发展趋势，尽早准确诊断故障。

4. 不必要一见到故障预报就立即将机车停运

现在路内对事故或机破故障的问责和处理力度都很大，谁都难承受问责的考核。但也没必要一见到故障预报就立即将机车扣在库内，要以科学的态度来对待。在故障预报中，诊断人员一般都会经过科学计算，给出还可以安全运行的大致时间，在这个大致时间内，尽早处理是必须的。但如果技术部门一见预报就立即停运，这会给故障诊断人员极大的心理压力，甚至不敢出示预报，反而耽误故障的及时预报和处理。

讨论题

1. 吸湿器在变压器油的质量保护方面所起的作用是什么？

2. 潜油泵安装在变压器外面，它发生故障为什么会引起变压器油中的特征气体含量异常？

3. 潜油泵故障表现在特征气体含量的增加上有何显著特点？

4. 变压器内部的绝缘有哪几类？它们在热和电的作用下所产生的故障气体各有何特点？

5. 变压器线圈引出线在焊接和安装上有何特点？这种结构所引起的故障表现在特征气体含量的变化上有何显著特点？

6. 夹套与导电杆接触不良为什么也会引起油中气体含量的变化？

7. 诊断机车牵引变压器故障时，特别应该考虑哪几个因素？

8. 变压器油的闭口闪点、击穿电压、微量水分等质量指标在故障诊断中各有何参考作用？

9. 如何正确使用吸湿器？

10. 技术部门应如何正确对待变压器故障预报？

第三章　利用油中溶解气体含量判断故障的基本原理

一、变压器绝缘材料的化学组成

充油变压器的绝缘材料主要包括绝缘油和固体绝缘材料。

绝缘油是由天然石油经过蒸馏、精炼而获得的一种矿物油。它是由各种碳氢化合物所组成的混合物。碳、氢两元素占全部质量的95%～99%，石油基碳氢化合物主要有烷烃、烯烃、环烷烃和芳香烃。

一般变压器油的分子量在270～310之间，每个分子的碳原子数在19～23之间。其化学组成至少包括50%的烷烃，10%～40%的环烷烃以及5%～15%的芳香烃。

固体绝缘材料主要包括绝缘纸、绝缘胶木、木材、绝缘玻璃胶带、棉布以及绝缘胶、绝缘漆等。其成分主要是纤维素等大分子有机物。

二、绝缘材料分解产气的一般经验

1. 绝缘油在300～800℃时，热分解产生的气体主要是低分子的烷烃（CH_4、C_2H_6）和低分子的烯烃（C_2H_4、C_3H_6），也含有H_2。

2. 绝缘油在电弧的作用下，分解气体大部分是H_2、C_2H_2，并有一定量的CH_4、C_2H_4。

3. 局部放电时，绝缘油分解的气体主要是 H_2 和少量 CH_4。

4. 火花放电时，绝缘油分解的气体除了较多的 H_2、CH_4 外，还有 C_2H_2。

5. 绝缘纸在 120～150 ℃下长期加热时，产生 CO 和 CO_2，且后者是主要成分。

6. 绝缘纸在 200～800 ℃下长期加热时，除产生 CO 和 CO_2 外，还含有烃类气体，CO/CO_2 的比值越高，说明热点温度越高。

Halstead 对矿物绝缘油分解产气的热力学理论指出，根据不同温度的压力平衡原理，随热分解温度的变化，烃类气体各组分的相互比例是不同的。CH_4、C_2H_6、C_2H_4、C_2H_2 最大产气率时的温度（或能量）是依次增加的，如图 3-1 所示。它是应用油中气体比值法诊断设备潜伏故障类型并测热点，温度的基础。

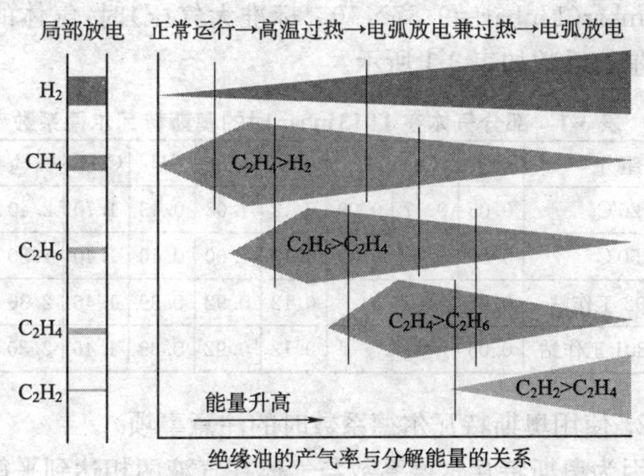

图 3-1　Halstead 对矿物绝缘油分解的热力学示意图

三、气体在油中的溶解与奥斯特瓦尔德系数

1. 奥斯特瓦尔德系数的概念

在气液两相的密闭容器中，绝缘油与气体接触时，气体会溶解于油中，这种油中溶解气体与油面上的气体达到平衡状态时，溶解气体的浓度与液面上气体的分压之间服从亨利定律；根据道尔顿分压定理，油面上混合气体的总压力等于各组分的分压力之和。因此可以得出亨利定律的表达式为：

$$k_i = C_{il} / C_{ig} \tag{3-1}$$

式中 C_{il}——组分溶解于油中的浓度，μL/L；

C_{ig}——组分在油面上的浓度，μL/L；

k_i——组分（在某温度和压力下）的奥斯特瓦尔德系数。

油中气体溶解度常用奥斯特瓦尔德系数表示，其物理意义是指在特定的温度和气体分压下，气体溶解达到平衡时，单位体积的油中溶解的气体体积。IEC（国际电工委员会）公布的1013 mbar（1 mbar＝9.87×10^{-4}标准大气压）时，气体的奥斯特瓦尔德系数如表 3-1 所示。

表 3-1　部分气体在 1013 mbar 时的奥斯特瓦尔德系数

组分	H_2	O_2	N_2	CO	CO_2	CH_4	C_2H_4	C_2H_6	C_2H_2
20℃	0.05	0.17	0.09	0.12	1.08	0.43	1.70	2.40	1.20
50℃	0.05	0.17	0.09	0.12	1.00	0.40	1.40	1.80	0.90
A4802 工作站	0.06			0.12	0.92	0.39	1.46	2.30	1.02
TS-6801 工作站	0.06			0.12	0.92	0.39	1.46	2.30	1.02

2. 使用奥斯特瓦尔德系数时的注意事项

因为奥斯特瓦尔德系数与气体在气液两相达到平衡时的气压（大气压）和温度关系十分密切，也就是说，机械振荡时的大气压力和室温对奥斯特瓦尔德系数的影响很大，因此，在使

用这个系数时，应将该系数对平衡时的大气压力和室温进行修正。目前，大部分都是用色谱工作站进行分析，在工作站内有一个自动修正程序，只要我们输入振荡时的大气压力和室温，工作站就会将当前输入的数据修正到 1 013 mbar 的状态。因此在进样前必须输入大气压力和室温。对于油样，如果因取样等原因，致使体积不等于 40 mL，则应在进样前，输入准确的油样体积，让工作站自动进行修正。这样才能保证所使用的奥斯特瓦尔德系数正确。

四、气体的扩散、吸附与脱气后取样时机的把握

1. 气体的逸散损失

变压器中油温的差别引起油的连续自然循环。油中溶解的气体因这种循环而转移到变压器的各个部分，对于使用潜油泵强迫油循环的变压器，循环的速度更快，故障点周围气体的高浓度是瞬间存在的。而且油中气体还将向储油柜和油面的气相中连续转移，从而造成气体的损失。

因此，在采集代表性样品时可在同一点取样；但是在为了分析故障点部位而需在不同点取样时，应在故障发生时或故障发生后的很短时间内多次取样方能得出较为准确的信息（这主要是对大型变压器而言，机车变压器无法多处取样）。

2. 变压器内部固体材料的吸附作用也可能使油中溶解气体减少

吸附的量取决于被吸附物质的化学组成和表面结构。碳的氧化物，其结构类似于纤维素，极易被绝缘纸吸附；碳钢和不锈钢易于吸附 H_2 等。因此，对于新投运的变压器，油中某些气体，如 CO_2、CO 或 H_2 的含量较高，应考虑制造过程中干燥工艺或温升实验时所产生的气体被固体绝缘材料或不锈钢

吸附，而在运行中释放于油中的情况。另一种情况是对于运行中变压器在故障初期，某些气体的浓度仍然很低，甚至经计算得到的产气速率也不太高，其原因也应考虑是固体材料的吸附作用而导致油中气体含量的降低。

3. 固体材料中吸附的气体挥发到油中，使油中气体含量增加

变压器油脱气（滤油）后，油中气体含量很低，但脱气后的最近几天内取样分析，发现特征气体含量会快速升高。这时候很容易导致故障快速发展的错觉。实际上这是因为原来被变压器内部的固体材料吸附的特征气体逐步释放到油中造成的，而不是故障快速发展造成的。经过试验发现，脱气后需一到两星期才能达到新的平衡，因此，变压器经过脱气（或滤油）过程一星期后取样，这样得到的分析数据应用到以后的故障诊断才有意义。

在大多数运行变压器油中也会含有某些故障气体。变压器（特别是许多中、小型变压器）在投入运行前，就可能含有少量故障特征气体，并在投入运行后逐渐增长，一般大约要运行半年至一年才达到最大，之后才逐步降低。这是制造或试验过程中的残气在运行中逐渐释放于油中，使其达到最大值之后，又由于气体逸散损失而逐渐减低的缘故。

4. 呼吸作用使油中气体含量发生改变

变压器油的温度会经常发生变化，油的体积也会发生变化，储油柜中空腔气体的体积也发生相应的变化，外界空气被不断地“吸入”和“吐出”，这就是变压器的呼吸作用。变压器的呼吸作用将造成油中溶解气体向外界逸散损失。因此，在计算开放式机车牵引变压器等自由呼吸变压器的绝对产气速率时，应引入逸散损失率加以修正。如果没有考虑气体的逸散损失，则在出示故障预报时应予以说明。

五、油中溶解气体含量的注意值及其使用时的注意事项

1. 变压器油中气体含量的注意值

《导则》提供了各种设备油中溶解气体含量的注意值，如表 3-2 所示。当实测设备油中气体达到或超过该表之值时，则应引起注意（但不能作为设备有无故障的唯一判据）。

表 3-2 变压器、电抗器和套管中溶解气体含量注意值

设备	气体组分	含量注意值（μL/L）	
		330 kV 及以上	220 kV 及以下
变压器和电抗器	ΣCH	150	150
	C_2H_2	5	5
	H_2	150	150
	CO 和 CO_2	见 GB/T 7252—2001	见 GB/T 7252—2001
套管	C_2H_2	1	2
	H_2	500	500
	CH_4	100	100

注：该表所列数值不适用于从气体继电器放气嘴取出的气样。

2. 使用该表数据时应特别注意

(1)注意值不是划分设备有无故障的唯一标准，当气体浓度达到注意值时，应进行追踪分析，进一步查明原因。这是"注意值"与油脂质量中"标准"一词的显著区别。

(2)新投运设备，油中一般不应含有 C_2H_2。其他设备各组分含量也应该很低。

(3)影响电流互感器和电容式套管油中 H_2 含量的原因很多，有时 H_2 含量低于表中数值，若增加较快，也应注意；有时超过表中数值，如无明显增长趋势，也可判为正常。

(4)上述数值不适用于从气体继电器放气嘴取出的气样。

六、产气速率的注意值及其使用

《导则》推荐下列两种方式来表示产气速率(未考虑气体损失):

1. 绝对产气速率:即每运行日产生某种气体的平均值,按式(3-2)计算:

$$\gamma_a = \frac{C_{i2} - C_{i1}}{\Delta t} \times \frac{G}{\rho} \tag{3-2}$$

式中 γ_a——绝对产气速率,mL/d;

C_{i2}——第二次取样测得油中某气体浓度,μL/L;

C_{i1}——第一次取样测得油中某气体浓度,μL/L;

Δt——两次取样时间间隔中的实际运行时间(日),d;

G——设备总油量,t;

ρ——油的密度,t/m^3。

变压器和电抗器绝对产气速率的注意值如表 3-3 所示。

表 3-3 变压器和电抗器绝对产气速率的注意值

气体组分	开放式	隔膜式
ΣCH	6 mL/d	12 mL/d
C_2H_2	0.1 mL/d	0.2 mL/d
H_2	5 mL/d	10 mL/d
CO	50 mL/d	100 mL/d
CO_2	100 mL/d	200 mL/d

计算和使用特征气体绝对产气速率注意值时应注意:

(1)按公式计算特征气体的绝对产气速率时,应使用设备在考察期间的实际运行时间,考察期间内设备如果停运,停运时间应予以扣除,并将实际运行时间按每昼夜 24 h 换算成天。

(2)当特征气体含量的绝对值没有超过注意值时，计算产气速率没有实际意义。但在油中 CO、CO_2 的含量非常高，被判定为固体绝缘热分解时，也应计算特征气体的绝对产气速率作为参考。

(3)笔者常把 ΣCH 绝对值超过注意值的 5 倍(75 μL/L)，且绝对产气速率超过注意值的 2 倍(12 mL/d)时，判为较严重故障。读者若有更好的经验可提出来交流。

2. 相对产气速率：即每运行月(或折算到月)某种气体含量增加原有值的百分数的平均值，按式(3-3)计算：

$$\gamma_\gamma(\%)=\frac{C_{i2}-C_{i1}}{C_{i1}}\times\frac{1}{\Delta t}\times100 \tag{3-3}$$

式中 γ_γ ——相对产气速率，%/月；

C_{i2}——第二次取样测得油中某气体浓度，μL/L；

C_{i1}——第一次取样测得油中某气体浓度，μL/L；

Δt——两次取样时间间隔中的实际运行时间，月。

相对产气速率也可以用来判断充油电气设备内部状况，ΣCH 的相对产气速率大于 10%时应引起注意。对 ΣCH 起始含量很低的设备不宜采用此判据。

产气速率在很大程度上依赖于设备类型、负荷情况、故障类型和所用绝缘材料的体积及其老化程度。因此，应结合这些情况进行综合分析。同时，判断设备状况时还应考虑到呼吸系统对气体的逸散作用。

对于发现气体含量有缓慢增长趋势的设备，应适当缩短检测周期，以便监视故障发展趋势。

七、碳的氧化物含量注意值及其使用

当故障涉及固体绝缘时，会引起 CO、CO_2 含量的明显增长。根据现有的统计资料，固体绝缘的正常老化过程与故障情况下的劣化分解，表现在油中 CO、CO_2 含量上，一般没有明显的界限，规律也不明显。这主要是由于从空气中吸收的 CO_2、固体绝缘老化及油的长期氧化形成 CO 和 CO_2 的基值过高造成的。开放式变压器溶解空气的饱和量为 10%，设备里可以含有来自空气的 300 μL/L 的 CO_2，在密闭设备里，空气也可能经泄漏而进入设备油中，这样，油中的 CO_2 浓度将以空气的比例存在。

经验证明，当设备固体绝缘老化时，一般 $CO/CO_2>7$。当怀疑故障涉及绝缘材料时（高于 200 ℃），可能 $CO_2/CO<3$，必要时，应从最后一次的测试结果中减去上一次的测试结果，重新计算比值，以确定故障是否涉及了固体绝缘。

以笔者的经验，当 CO_2 的含量绝对值达到 10 000 以上时，大部分情况都已经引起了固体绝缘的烧损。但油受热分解也可能出现这种情况。特别是突发性大功率故障发生在油浸部位时。

当怀疑纸或纸板过度老化时，应考虑测试油中糠醛的含量，或在可能的情况下测试纸样的聚合度，这是有条件的地方继续探讨故障诊断方法的一个新领域。

八、变压器内部故障类型与油中气体含量的关系

1. 热性故障

热性故障是由于有效热应力所造成的绝缘加速劣化，具有中等水平的能量密度。如果热应力只引起热源处绝缘油分解时，所产生的特征气体主要是 CH_4 和 C_2H_4，二者之和一般占 ΣCH 的 80%以上。随着故障点温度的增高，C_2H_4 所占的比例将增加。

通常热性故障是不产生 C_2H_2 的，但严重过热时，也会产生微量 C_2H_2。其最大含量不会超过烃总量的 6%。

当过热涉及固体绝缘材料时，还会产生大量的 CO 和 CO_2。

2. 电性故障

电性故障是由于高电应力所造成的绝缘加速劣化，由于能量密度的不同，分为低能量放电、高能量放电、火花放电和局部放电等类型。高能量放电将导致绝缘电弧击穿；火花放电是一种间歇性的放电；局部放电常发生在气隙和悬浮带电体的空间内，其能量密度最低。

发生电弧放电时，油中气体含量往往与故障点位置、油流速度和故障持续时间有很大关系。其特征气体主要是 C_2H_2 和 H_2。一般 C_2H_2 占烃类总量的 20%～70%，H_2 占氢、烃总量的 30%～90%。并且绝大多数情况下，C_2H_4 含量高于 CH_4。

发生火花放电故障时，其特征气体主要也是 C_2H_2 和 H_2。但因故障能量较小，一般总烃不太高，C_2H_2 在烃类总量中可高达 25%～90%，C_2H_4 约占 20%以下，H_2 占氢、烃总量的 30%以上。

局部放电产生气体的特征，主要依放电能量密度不同而不同，一般来说烃总量不高。其主要成分是 H_2，其次是 CH_4。

无论发生哪一种放电故障，只要涉及固体绝缘，就会产生碳的氧化物。

3. 受潮

当变压器内部进水受潮时，油中水分和潮湿杂质就极易形成“小桥”，或油中含有气隙均能引起局部放电，产生 H_2。在电场的作用下，水自身电解也会产生大量 H_2。因此受潮故障时，其特征气体以 H_2 为主。

另外，受潮会加速绝缘油的老化，有时受潮和热性故障、电性故障同时存在，油中气体成分比较复杂。表 3-4 列出了不同故障类型所产生的主要和次要组分，供大家分析故障时参考。

表 3-4　不同故障类型产生的气体组分特点

故障类型	主要气体组分	次要气体组分
油过热	CH_4、C_2H_4	H_2、C_2H_6
油和纸过热	CH_4、C_2H_4、CO、CO_2	H_2、C_2H_6
油纸中局部放电	H_2、CH_4、C_2H_2、CO	CH_4、CO_2
油中火花放电	C_2H_2、H_2	
油中电弧	H_2、C_2H_2	CH_4、C_2H_4、C_2H_6
油和纸中电弧	H_2、C_2H_2、CO、CO_2	CH_4、C_2H_4、C_2H_6
进水受潮或油中气泡	H_2	

九、气体继电器上游离气体的应用

在气体继电器上聚集有游离气体时，使用平衡判据。

所有故障的产气速率均与故障的能量释放紧密相关。对于能量较低、气体释放缓慢的故障（如低温热点或局部放电）所生成的气体大部分溶解于油中，就整体而言，基本处于平衡状态；对于能量较大（如铁芯过热）造成故障气体释放较快，当产气速率大于溶解速率时，可形成气泡。在气泡上升的过程中，一部分气体溶解于油中（并与已溶解于油中的气体进行交换）。改变了所生成气体的组分和含量。未溶解的气体和油中被释放出来的气体，最终进入继电器而累积下来；对于有高能量的电性放电故障，大量气体迅速生成，所形成的大量气泡迅速上升并聚集在继电器里，引起继电器报警。这些气体几乎没有机会与油中溶解气体进行交换，因而远没有达到平衡。如果长时间留在继电器中，某些组分特别是电弧性故障产生的 C_2H_2，很容易溶于油中，而改变继电器中的游离气体组分，甚至导致错误的判断结果。

因此，当气体继电器发出信号时，除应立即取气体继电器中的游离气体进行色谱分析外，还应同时取油样进行溶解气体分析，并比较油中溶解气体与继电器中的游离气体的浓度，以判断游离气体与溶解气体是否处于平衡状态，进而可以判断故障的持续时间和气泡上升的距离。

比较方法是首先要把游离气体中各组分的浓度值，利用各组分的奥斯特瓦尔德系数 k_i，计算出平衡状况下油中溶解气体的理论值，在与油样分析中得到的溶解气体组分的浓度值进行比较，即：

$$C_{o,i} = k_i C_{R,i} \tag{3-4}$$

式中 $C_{o,i}$——油中溶解组分 i 浓度的理论值，μL/L；

$C_{R,i}$——继电器中游离气体中组分 i 浓度值，μL/L；

k_i——组分 i 的奥斯特瓦尔德系数。

判断方法如下：

(1)如果理论值和油中溶解气体的实测值近似相等，可认为气体是在平衡状态下释放出来的。这里有两种可能；一种是故障气体各组分浓度都很低，说明设备是正常的。应搞清楚这些非故障气体的来源及继电器报警的原因。另一种是溶解气体浓度略高于理论值，则说明设备存在较缓慢地产生气体的潜伏性故障。

(2)如果继电器内的故障气体浓度明显超过油中溶解气体浓度，说明释放气体较多，设备内部存在产生气体较快的故障，应进一步计算气体的增长率。

(3)判断故障性质的方法，原则上与油中溶解气体相同，但是如上所述，应将游离气体浓度换算为平衡状况下的溶解气体浓度，然后计算比值。

讨论题

1. 变压器油是由哪些成分组成的?

2. 变压器油在热性、电性、磁性故障下所产生的特征气体有何特点?

3. 奥斯特瓦尔德系数与哪些因素有关? 怎样做才能比较正确地使用组分的奥斯特瓦尔德系数?

4. 为什么刚脱气的变压器油中溶解气体含量很低,但装上车以后又迅速增加?

5. 为什么新变压器在使用初期常常出现 H_2 含量很高的现象?

6. 怎样修正开放式变压器的气体损失?

7. 油中溶解气体含量的注意值有哪些? 这些注意值与平时所使用的油品质量报废标准有何区别和联系?

8. 判断故障是否牵涉到固体绝缘的依据是什么?

9. 变压器内部故障类型与油中气体含量有什么关系?

第四章　利用色谱仪分析油中特征气体含量

一、分析对象及其选择

变压器绝缘材料热分解所产生的可燃和非可燃气体达20多种。为了尽量简便又有利于变压器内部故障诊断，选定必要的气体作为分析对象是很重要的。目前国内外分析的气体对象很不统一，如表4-1所示。《导则》推荐分析8种或9种气体（至少应分析7种气体）。铁路各单位目前基本上都只分析7种气体。

表4-1　气体分析对象的选择

分析气体种数	分析对象
7种	H_2、CH_4、C_2H_4、C_2H_6、C_2H_2、CO、CO_2
8种	O_2、H_2、CH_4、C_2H_4、C_2H_6、C_2H_2、CO、CO_2
9种	N_2、O_2、H_2、CH_4、C_2H_4、C_2H_6、C_2H_2、CO、CO_2
11种	C_3H_6、C_3H_8、N_2、O_2、H_2、CH_4、C_2H_4、C_2H_6、C_2H_2、CO、CO_2
12种	C_4H_{10}、C_3H_6、C_3H_8、N_2、O_2、H_2、CH_4、C_2H_4、C_2H_6、C_2H_2、CO、CO_2

二、取样分析时机及分析方法概要

1. 变压器油中气体分析时机

对于固定式变压器，其检测周期在《导则》中有比较明确的规定，但对于电力机车主变压器来说，其运行工况比固定式变压器要复杂得多，因此其检测周期也应适当缩短。

(1)正常运行中的定期检测(例行分析)

《导则》规定电压等级 63 kV 及以上、容量 8 000 kV·A 及以上的固定式变压器，每年检测一次。对于电力机车主变压器,铁道部运装机检电〔2010〕2124 号电报规定;“电力机车主变压器和车顶高压互感器检查周期不超过 6 个月”,即应每半年检测一次,大约每遇双次小修时应取样分析。

(2)新设备投运时的检测

《导则》规定所有新设备及大修后的固定式设备投入运行前应作一次检测;变压器在投运后 3 天、10 天、30 天各作一次检测,若均正常,可转为正常定期检测。

对于电力机车主变,建议对新车、大、中修后,在投运前的整修时应取样检测;投运后 1 个月内建议检测一次;若无异常,可转为正常定期检测。

(3)特殊情况下的检测

当设备出现异常情况时,如受冲击、过励磁、更换潜油泵、防爆阀动作、电路严重故障时,应立即取油样检测,并根据检测出的气体含量情况,适当缩短检测周期。

由于化验室的色谱分析人员平时难以掌握每日机车故障和机车检修有关情况,再加上电力机车长交路在线上运行,难以做到及时取样。因此,当机车出现遭雷击、过励磁、油温高、防爆阀动作、外电路严重烧损等故障后回段时,以及库内机车更换潜油泵、焊接油管路中各部件等作业后,技术部门应及时通知化验室取样分析。

2. 油中溶解气体分析方法概述

油中溶解气体分析全过程包括:

(1)取油样。系指从设备接取油样的过程。

(2)脱气。指从所取油样中脱出色谱分析气体样品的过程。

(3)色谱分析。利用色谱仪进行分析，得出油中各气体组分的含量。

(4)数据处理。包括综合分析本次及前几次数据，得出是否需脱气、是否需要加密跟踪、是否需要预报故障、设备是否需要停运等结论。

由于取样及分析过程中易导致误差的环节较多，且气体样品量的控制又较难，因此要求尽可能地减小各环节可能造成的误差。《导则》对分析结果的重复性和再现性要求是：同一试验室的两个平行结果，当含量小于10 μL/L时，误差不应大于1 μL/L；当含量在10 μL/L以上时，误差不应大于平均值的10%。不同试验室的两个平行结果，相差一般不应大于平均值的30%。

值得注意的是，油样接取容器、方法不同，油样存储、运输方法不当，取气样容器、方法不同，脱气方法不同或者分析操作方法不同等，都有可能使分析结果带来较大的误差。有时，即使是同一样品，不同操作人员或使用的仪器不同，也可能使试验数据有较大的误差。因而，不同分析人员或不同试验室的色谱分析数据的可比性比较差。

因此，油中气体分析不仅应尽可能地统一取样和脱气以及操作方法，而且在比较历次数据变化和不同试验室的分析数据时，也应考虑不同方法所造成的误差。这就是笔者平常特别强调分析结果的“一致性”而非“准确性”或“精确性”的原因。

三、气相色谱分析原理简介

1. 色谱分离技术

色谱是一种分离技术，将这种分离技术应用到分析化学领域，并与适当的检测手段相结合，就是色谱分析。气相色谱分析是色谱分析法中的一种，它的分离原理是使混合物中各组分在两相间进行分配。其中一相是固定不动的，叫固定相；而另一相是则连续不断地流动着，叫流动相。当流动相携带着样品混合物流经固定相时，样品中各组分就会与固定相发生作用，即进行分配。但由于各组分本身的性质、结构不同，即分配系数不同，这种作用力的大小、强弱也就不同。于是，在同一推动力的作用下，各组分在固定相中的滞留时间，或者说在柱中的迁移速度也不同。因此，它们就会按先后不同的顺序从柱后流出，从而得到分离。所以，色谱法就是利用混合物中各组分分配系数的差异，使其在两相间反复多次地进行分配，从而将混合物中各组分逐一分离的一种分离技术。流动相是气体时，就是气相色谱法。它是一种高效、快速、灵敏的分离分析法，应用十分广泛。由于色谱分析原理是很复杂的，本书不做详细介绍。但是为便于理解色谱分离原理，掌握色谱分析过程中有关保留时间、峰高、峰面积等几个重要参数含义，这里用一个运动员进行长跑比赛的实例来进行简单说明，如图 4-1 所示。

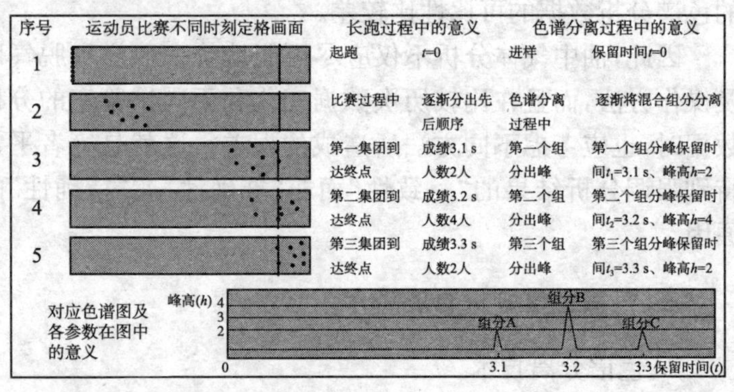

图 4-1　色谱分离原理及重要参数解释

2. 气相色谱分析系统的基本组成

气相色谱分析是在特别设计的气相色谱仪中完成的，气相色谱仪型号繁多、种类各异，性能也有差异，但其基本原理是一致的。气相色谱仪主要由气路控制、电气控制、温度控制、色谱柱、检测器和信号记录器等部分组成。图 4-2 绘出了气相色谱分析系统的基本组成。

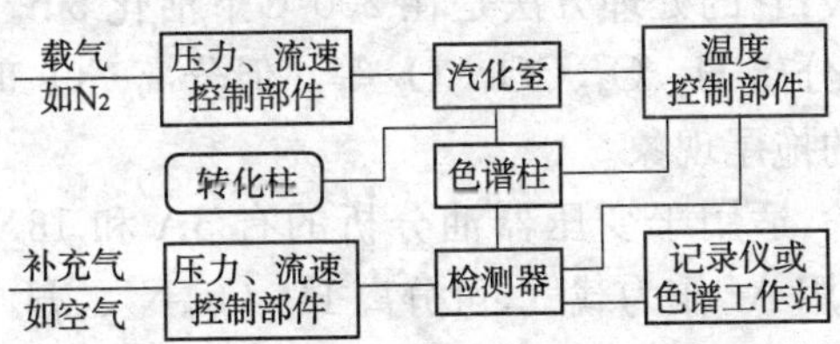

图 4-2　气相色谱分析系统的基本组成

3. 固定相基础知识

在气相色谱分析中，多组分混合物能否完全的分离，主要取决于色谱柱的效能和选择性，其选择性很大程度上取决于固定相的选择。因此，固定相的选择就成为色谱分析中的关键问题。色谱分析工作者一定要了解固定相的主要性能，选择固定相的基本规律，才有可能得到一根高效能、高选择性的分析色谱柱。

气相色谱固定相大致可分为两类，即液体固定相和固体固定相。液体固定相一般由一种高沸点的有机化合物液膜(固定液)均匀涂布于固体支持物(载体、担体)上构成；固体固定相一般是指固态的活性吸附剂，如活性炭、硅胶、分子筛等。

选择固定相时，首先要求被分析的样品各组分在固定相上的分配系数有差别，这是达到分离目的的关键。其次要求固定相的热稳定性和化学稳定性要好，且不与被测组分起化学反应。目前，色谱固定相已达 800 多种，这里只重点介绍用于变压器油气相色谱分析的固定相。

(1)固体固定相

①活性吸附剂

用活性吸附剂固体作为固定相在气固色谱中应用极广，主要有强极性硅胶、弱极性氧化铝、非极性活性炭和特殊作用的分子筛等。

活性炭：它的处理方法是在 200 ℃下活化 5 h。用 N_2 作为载气，可分离 H_2、O_2、CO、CO_2 等。但分离 CO_2 时，可能有比较严重的拖尾现象。

分子筛：适用于变压器油分析的有 5A 和 13X 分子筛。5A 分子筛用 Ar 作为载气，可分离 H_2、O_2、N_2、CH_4、CO、CO_2 等。5A 分子筛的处理过程是将 30～60 目的干净分子筛，在 550～600 ℃高温下活化 2 h，冷却到 60 ℃左右装柱。

硅胶：特制的表面积较大的多孔性硅胶，在未涂固定液时，作为吸附柱可分离 H_2、CH_4、C_2H_4、C_2H_6、C_2H_2、CO、CO_2 及 C_3 等气体，不过保留时间较长，且多少有些拖尾现象。如果将硅胶经处理后再涂一定量的邻苯二甲酸二丁酯或异三十烷固定液，这时该固定相既有吸附作用又有溶解作用，从而改善了分离效果，缩短了分析时间。

②高聚物固定相

碳分子筛：即 TDX 型，常用的有 TDX-01、TDX-02 等。在变压器油分析中，常用 N_2 作为载气，可分离 H_2、O_2、N_2、CH_4、CO、CO_2 等。厂家供应的粒度 60～80 目的 TDX-01、TDX-02 一般可不经处理直接装柱使用。装柱后在 N_2 载气条件下，于 200 ℃活化 4 h。变压器油分析中，可用长度 0.6 m，内径 ϕ3～4 mm 的不锈钢柱，填装 TDX-01。

GDX 系列：常用的有 GDX-502、GDX-104 等。GDX-502 可依次分离 CH_4、C_2H_4、C_2H_6、C_2H_2、及 C_3 等气体。变压器

油分析中，可用长度 4 m，内径 ϕ3～4 mm 的不锈钢柱，填装 GDX-502。GDX 使用前一般需经老化处理，老化方法是在高纯 N_2 下，先通气 0.5 h，以驱除 O_2，然后在 180 ℃下老化 8 h。

以上两类高聚物固定相在天津试剂一厂或二厂均可购买到，表 4-2 介绍了变压器油色谱分析中一些常用固定相及其使用方法，供大家选用。

表 4-2 变压器油色谱分析中气体分析常用固定相及其使用方法

固定相	粒度(目)	柱长/内径	载气	鉴定器	分析对象
活性炭	60～80	1 m/3 mm	N_2	TCD、FID	H_2，O_2，CO，CO_2
5A 分子筛	30～60	1 m/3 mm	Ar	TCD	H_2，O_2，N_2，CH_4，CO，CO_2
13X 分子筛	60～80	4 m/3 mm	N_2	TCD	H_2，O_2，CH_4，CO
硅胶(涂液)	80～100	2 m/3 mm	H_2	FID	CH_4，C_2H_4，C_2H_6，C_2H_2 等
HGD-201	80～100	1 m/2 mm	H_2	FID	CH_4，C_2H_4，C_2H_6，C_2H_2 等
GDX-502	60～80	4 m/3 mm	H_2	FID	CH_4，C_2H_4，C_2H_6，C_2H_2 等
TDX-01 TDX-02	60～80	0.5～1 m/ 2～3 mm	N_2	TCD、FID	H_2，O_2，CO，CO_2 等

(2)液体固定相

①载体或担体一般可分为两大类：硅藻土型和非硅藻土型。选择载体的大致原则是：

a. 当固定液含量大于 5%时，可选用硅藻土型白或红色载体；

b. 当固定液含量小于 5%时，应选用处理过的载体，如仍拖尾可加剪尾剂；

c. 对于高沸点组分，可选用玻璃球载体；

d. 对于强腐蚀性组分，可选用氟载体；

e. 载体的粒度一般常用 60～80 目，高效柱可用 100～120 目。

②固定液基本上都是有机物，它必须满足以下要求：

a. 在操作条件下应有蒸气压低、热稳定性好、呈液态的性能；

b. 化学稳定性好，不与被测组分起化学反应；

c. 对被测组分有足够的溶解能力；

d. 对被分离组分应有不同的分配系数。

③选择固定液常按"相似性"原则，即在满足上述要求的条件下，使所选取的固定液的性质与被分离组分之间有某些相似性，如官能团、化学键、极性以及某些化学性质等。这是因为物质越相似，二者分子之间的作用力越大，被分离组分在固定液中的溶解度就越大，在柱内滞留的时间（保留时间）也就越长，对分离也就越有利。表 4-3 介绍了几种变压器油中气体分析常用固定液。

表 4-3　几种变压器油中气体分析常用固定液

固定相名称	最高使用温度(℃)	常用溶剂	相对特性	分析对象
异三十烷	140	乙醚	非极性	对 C_3 以前烃的分析
真空润滑脂	250	苯氯仿	非极性	各类高沸点化合物、气态烃
邻苯二甲酸二丁酯	100	甲醇醋酸	中等极性	烃、醇、醛、硐、酸、酯、各类有机化合物

4. 检测器简介

检测器又常称为鉴定器，是色谱仪的感知器官。它能鉴定色谱柱分离后依次流出的组分的性质，并能迅速连续地反映其浓度的大小，是色谱仪中的一个重要元件。检测器有数十种类型，各有不同的用途，但在变压器油色谱分析中用到的只有热导池检测器（TCD）和氢火焰离子化检测器（FID）。

（1）检测器性能评价指标

①灵敏度

灵敏度是指对于很微量的被测物能产生的信号大小。灵敏度一般越大越好，它常用响应值(或应答值)、敏感度和最小检知量(或最小检知浓度)来表示。

响应值(或应答值)是在检测器中单位质量(或浓度)的试样所产生的信号大小，常以“*S*”表示。*S* 值越大，表示其灵敏度越高。对于 TCD 的灵敏度，*S* 值不应低于 3 000 mV·mL/mg(苯)。

敏感度的物理意义是使检测器产生恰好能够鉴别的信号时，单位体积或时间内引入检测器的最小物质量，常以“*M*”表示。*M* 值越小越好。对于 FID 的灵敏度，*M* 值不应高于 3×10^{-11} g/s(苯)。

最小检知量和最小检知浓度这两个指标与响应值和敏感度都有些不同，它们不仅与检测器本身特性有关，而且还与色谱柱和分离条件(温度、压力、流速、进样量等)有关。越小越好。

②稳定性

稳定性好是指检测器受温度、气体流速、电压波动等条件的影响小，易保持基线稳定。稳定性一般以半分钟内的信号电压最大波动值来表示。平常常说的“基线噪声”就是指的这个稳定性。单位 mV/30 s。该值越小越好。

③线性范围

是指信号与试样浓度(或绝对量)成正比例的范围，这个范围一般越宽越好。

④响应速度

响应速度要快，这样才不至于丢失色谱峰或使色谱峰失真。

⑤适用范围

适用范围广是指对于要分析的各组分都有信号。

总之，对检测器总的要求是灵敏度高、噪声低、线性范围宽，且对各类物质都有信号，但对于流速、温度、电压等的变化不敏感。

(2)热导池检测器(TCD)

热导池检测器结构简单，稳定性好、灵敏度适宜、线性范围宽，对所有物质都能产生信号，而且不破坏样品，是目前应用最为广泛的一种检测器。多用于常量分析和含量在几十以上的微量分析。

热导池检测器是根据热敏电阻的感温原理和电桥平衡原理设计而成的。热导池是在一块不锈钢或铜块上开四个池孔，孔道内各吊装一根外形、电阻值完全相同的电阻丝(俗称热敏元件)，然后将这些热敏元件和检流表按电桥原理连接起来构成的。四个池孔两两相通，作为气路，每路的载气进入池体后，分别流经两根热丝。两条气路并联，一路测量(测量臂)时，另一路作参考(参考臂)，如图 4-3 所示。

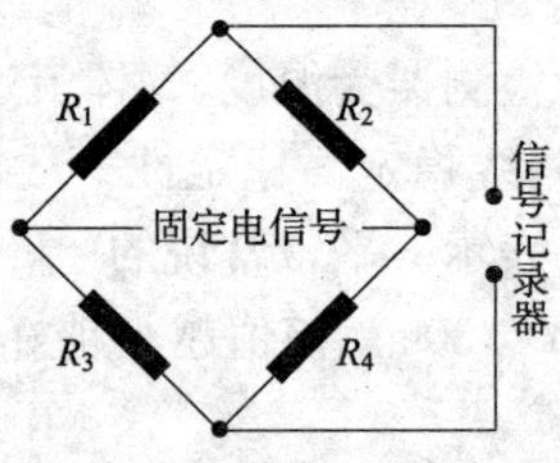

图 4-3　TCD 电桥原理图

当只通载气时，电桥刚好平衡。

$$R_1 \times R_4 = R_2 \times R_3 \tag{4-1}$$

输出端无电压输出，信号稳定。当有某组分气体通过测量臂时，因为该组分的热导系数不同于单纯的载气，因而引起热丝电阻值的变化，破坏了电桥平衡，电桥两端就有电流信号输出，显示出一个色谱峰。输出信号的大小（峰高或峰面积）与被测组分的量成正比例，因而可根据信号峰的大小确定该组分的含量。

在热导池桥路上所产生的信号电压可用式(4-2)来表示：

$$V = \underset{\{几何因子\}}{\frac{L_n(d_1/d_2)}{2\pi \times L}} \times \underset{\{电性因子\}}{\frac{a \times E \times R \times I^2}{4 \times J}} \times \underset{\{热导因子\}}{\frac{X}{K_s \times K_g}} \tag{4-2}$$

式中 d_1——池孔内径；

d_2——热丝直径；

L_n——热丝长度；

R——0 ℃时热敏元件电阻值；

J——热功当量；

X——组分在载气中的摩尔数；

K_s——组分的热导率；

K_g——载气的热导率；

a——热丝温度系数；

E——加在电桥上的电压；

π——圆周率；

V——信号电压；

I——加在热丝上的电流（一般为桥流的一半）。

式 4-2 反映出了影响热导池检测器灵敏度的各种因素。为提高灵敏度，可采取以下一些措施：

①从几何因子看：热丝直径越小、长度越短，池孔直径越大，有利于提高灵敏度，但池孔直径太大，则响应速度太慢；要使热丝短而电阻大，多将热丝绕成螺旋形。使用时不可拉直或扭动变形。

②从电性因子看：电压高、电流大有利于提高灵敏度。但电流太大易烧断热丝。因此给热导池检测器加桥流时，应注

意时机和大小。热导池达到预先设置的温度时方可加桥流。

③从热导因子看：载气与组分的热导率相差越大，则灵敏度越高。分析油中气体含量时，用 H_2 或 N_2 作载气能得到较高的灵敏度。

④在不使被测组分在检测器内冷凝的前提下，使池体和热丝间温差大，以及选用温度系数大的热丝，都有利于提高灵敏度。一般选用耐高温的铼-钨丝。

实际运用中，因热导池检测器各部件已经固定，我们只能采取适当提高温度、增加桥流、改变载气、降低衰减等方法来提高灵敏度。但灵敏度太高，就有可能出现基线不稳定的现象。

(3)氢火焰离子化检测器(FID)

氢火焰离子化检测器是 20 世纪 50 年代末开始使用，目前已普遍在色谱仪上配用的高灵敏度检测器具有灵敏度高、响应快、线性范围特别宽、对温度不敏感，对所有有机物都有响应、应用范围很广的特点。

①FID 的结构和检测原理

离子化室用不锈钢制成。载气和 H_2 混合物由底部进入，在喷嘴口遇到空气后点燃形成火焰，作为离子化能源。在与喷嘴同轴同水平处有一极化极，上方是圆筒形收集极。在极化极与收集极间施加电压形成静电场，可使因火焰激化而产生的离子定向流动形成电流，经微电流放大器放大后，可用记录设备记录下来，形成色谱图。

当只有载气通过喷嘴时，因其中极微量的杂质被电离形成极微弱的电流，叫基流。当有样品通过喷嘴时，有机物分子遇火焰激化引起自由基反应，形成离子，电流急剧增大，电流经放大器放大后记录下来就是信号峰。形成离子的数量与单位时间内进入火焰的碳原子数成正比，电压变化值与组分的浓度成正比。

②决定 FID 灵敏度的主要因素

a. 放大器的放大系数；

b. 火焰的大小，关键是喷嘴孔径和 H_2 流速的大小；

c. 与载气种类有关，用 N_2 比用 H_2 灵敏度高；

d. 与载气和空气等的纯度有关，气体不纯、气体管路污染、样品量太大或离子室有水等，都会影响其灵敏度。

实际运用中，常采用增加 H_2 流速、降低放大器衰减、使用高纯气体、清洗管路和离子化室等方法来提高灵敏度。但是灵敏度太高，也可能出现基线不稳的现象。这样就应在保证测量要求的前提下适当降低灵敏度。

5. 转化炉(转化柱)

转化炉是变压器油气相色谱分析中必须用到的特殊部件，转化炉内装有镍催化剂。其作用就是将样品中的 CO、CO_2 转化成 CH_4，然后通过 FID 检测器检测所转化成的 CH_4，再间接计算 CO、CO_2 的含量。转化柱正常的工作温度为 360 ℃。如果转化效率降低，需要在通过 H_2 的条件下还原镍催化剂，还原时的温度应该设定为 400 ℃。

6. 信号记录设备简介

色谱信号记录设备以前采用较多的是双笔记录仪，记录的结果是色谱峰和相关参数。计算组分浓度时，需人工测量峰高、半峰宽或峰面积等才能进行计算，操作比较繁琐，也不够准确，因而逐渐被淘汰。20 世纪 80 年代后采用色谱数据处理机，它实际上就是一台积分仪，具有单片机的计算功能，是色谱工作站的雏形。随着计算机的推广运用，现在正在逐步被推广使用的是色谱工作站。它不仅具有记录仪的色谱峰记录功能和色谱数据处理机的谱峰分析功能，而且还具备事后的谱峰数据重处理和数据管理功能，为实现色谱分析、数据处理和日常技术管理自动化提供了可靠依据。目前市面上比较流行、比较适用的变压器油气相色谱工作站有深圳资通数据公司、河南省中分仪器有限公司(TS-6801)、北京分析仪器厂(BF-9202)、北京东西电子技术研究所(A4802)等单位生产的色谱分析工作站。

7. 色谱峰相关术语及其意义

(1)典型的色谱峰(规则的色谱峰):色谱峰如图 4-4 所示,其特点是基线平稳、峰形近似等腰三角形(对称),各峰能完全分开。

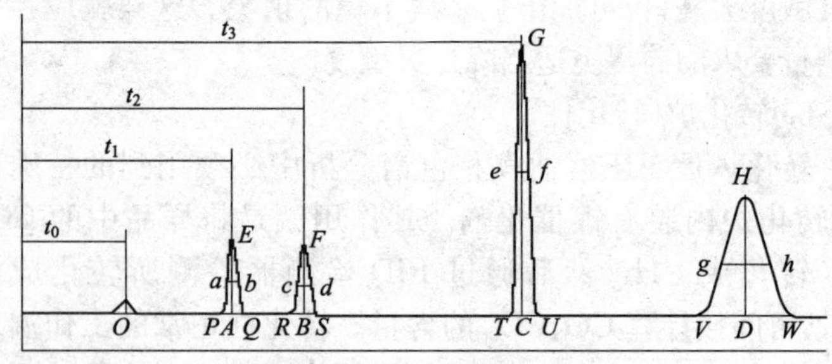

图 4-4　典型的色谱图

(2)基线:表示未进样,只有载气通过检测器时的信号线,对应于分析组分的信号,基线为 0。通常应为一水平线。如图 4-4 中的线段 *OP*,*QR*,*ST*,*UV*,*WX*。

(3)基线飘移:是指基线在某段时间内总是向变大(或变小)的方向变化的现象。

(4)基线噪声:是指基线在某范围内上下波动的现象。常以 30 s 内信号电压变化的最大值表示。

(5)峰宽:指峰两侧曲线在拐点处作切线,而在基线上相交的线段长度。如图 4-4 中的线段 *PAQ*,*RSB*,*TCU*,*VDW*。

(6)峰高:峰最高点到峰底的垂直距离。如图 4-4 中的线段 *EA*,*FB*,*GC*,*HD*。

(7)半峰宽：峰高一半处的峰宽度。如图 4-4 中的线段 ab,cd,ef,gh。

(8)峰面积：峰和峰底所包围的面积。如图 4-4 中的 $PaEbQAP$,$RcFdSBR$ 所包围的几何面积等。

(9)死时间：从进样开始到惰性物质峰最高点所需时间。如图 4-4 中 t_0。

(10)保留时间：从进样开始到组分峰最高点所需时间。如图 4-4 中 t_1,t_2,t_3。

(11) 分离度(R)：相邻两峰峰顶之间的距离之差与两峰峰宽的平均值之比，即：

$$R = 2 \times \frac{t_3 - t_2}{TU + RS} \tag{4-3}$$

分离度是用来描述两组分峰之间的分离情况的。分离度越大，表明两峰分离越彻底，当相邻两峰之间的分离度均在 1.5 以上时，即可满足变压器油中特征气体的分析要求。

(12)校正因子 f_i：可从文献查到，但更可靠的是直接测量(每日进标样标定仪器时计算而得，使用工作站时，只要且一定要在标样峰出完后，各组分峰都能自动或人工标示出来，工作站就会自动计算并进行存储)。

(13)其他概念(分组列出来，注意比较其意义以及相互之间的区别和联系)：

第一组：保留时间——死时间——分离度

第二组：峰高——半峰高——峰宽——半峰宽——峰底——峰面积

第三组：基线——基线漂移——噪声

第四组：规则的色谱峰(正态分布图)——马鞍峰——互溶峰(溶剂峰)——峰的切割

第五组：定性分析——定量分析——色谱峰面积计

算——校正因子——样品分析结果计算

8. 色谱条件的选择

(1)柱效率及其影响因素

在色谱分析过程中,要使分离度足够大,就必须设法提高色谱柱的柱效率。色谱理论说明,柱效率与分子扩散在气、液两相中的传质过程有关,影响柱效率的因素有以下几点:

①由于填充物的多孔性,气流碰到填充物会发生碰撞,改变流向,从而使样品分子在气相中形成紊乱的“浊流”流动的色谱峰扩张。因此,固定相的粒度大小和均匀性、填充的紧密程度等都对柱效率有影响。

②载气的种类、性质、流速对分子扩散有直接影响。保留时间越长,引起峰形扩张越严重。

③传质阻力影响:样品在气液两相间分配时,从气相到气液界面的过程中,所遇到的阻力——气相传质阻力,以及样品从气液界面到液相内部和返回到气液界面时,组分要达到平衡而遇到的阻力——液相传质阻力,都能使色谱峰形扩张而降低柱效率。此因素除了与载气的流速有关外,还与样品的性质、固定液的性质、用量及分布状态有关,也与柱温等因素有关。

(2)载气种类和流速的选择

载气性质对柱效率和分析时间有影响。氢、氦等轻载气的纵向扩散大,氩、氮等的纵向扩散小。所以,采用氢载气,有利于提高分析速度,但会降低柱效率。氢载气有较高的热导系数,因此用于热导池检测器,有利于提高灵敏度;然而对于FID来说,用氮载气较好,特别是有利于提高柱效率和减少仪器噪声。因此变压器油中气体分析时,一般采用 N_2 作为载气。

(3)固定相种类及粒度的选择

根据分析对象选择固定相的种类。由于固定相担体的表面结构、孔径大小及分布决定着固定液在其上的分布以及气相传质和纵向扩散的情况，故粒度不同，柱效率也不同。为了提高柱效率，粒度细小为好。但粒度过小时将会增加柱前压力，对于操作（尤其是进样）不利。通常采用 60～80 目。

(4)固定液的性质及用量的选择

选择固定液时，一般要求固定液对被分离的组分有较大的分配系数比值 K_0：

$$K_0 = K \times \frac{V_1}{V_0} \tag{4-4}$$

式中 K——分配系数；

K_0——分配系数比值；

V_1——固定相中所占的体积百分数；

V_0——气相中所占的体积百分数。

同时还要求固定液的黏度较小和在操作温度下蒸气压低，以增加色谱柱的稳定性和减少固定液流失所引起的噪声。一般来说，担体的表面积越大，固定液的含量可以越高。反之，用量可以降低。目前在填充色谱柱中多倾向于采用低固定液含量的色谱柱（因为可以提高柱效和缩短分析时间），但固定液含量也不能太低，否则会因担体覆盖不全而降低柱效率。当没有条件注射小量样品时，就需加大固定液用量。

(5)柱温的选择

一般采用的柱温，是在被分析物质的平均沸点左右或更低些，若沸程较宽，则采用逐步升温的方法来逐步升高柱温。但就变压器油中气体分析而言，因为都是气体，柱温在沸点以上，常选择室温或 50 ℃以下分析。

提高柱温，一方面可改善气相和液相之间的传质速率，提高柱效率；但另一方面又会因气体分子间的黏度增加而降低柱效率，因此，提高柱温的同时，也要适当提高载气的流速。

而且，提高柱温，会使色谱柱的选择性变差，即两个原来刚好分离的物质对很可能因升高柱温而变得分不开。因此一般都采用尽可能低的柱温，使样品有较大的分配系数比，选择性好。但柱温太低，将会使分析时间加长。

(6)柱形和柱长的选择

从色谱理论可知，减小柱内径有利于提高柱效率，但柱内径太小会增加柱前压和增加分析时间，不利填充和操作。固色谱柱柱管内径一般为 2～6 mm 为宜。

当其他条件不变时，增加柱长，分析时间会线性增加，而且还会增加柱前压。因此在保证分离度的前提下，应尽量缩短柱长。一般填充柱的柱长为 1～6 m。

柱形一般有螺旋形、U 形和直线形等多种。一般以直线形最好。弯柱时，应在考虑柱箱大小的情况下，尽量使弯曲部分的曲率半径较大，这样有利于提高柱效率。螺旋柱的外径与柱管内径之比一般取 15 : 1～25 : 1。

(7)装柱和进样

装柱时，一是要注意柱管清洁，二是要注意使固定相在柱管内均匀、紧密，不能留有空隙和死空间。

定量进样总的原则是进样口的死体积要尽量小，进样速度要快，进样量合适，且每次取样量要一致。具体操作时，要求定量取样(建议使用定量注射器)后，迅速将针尖一次性插到底，迅速注射后迅速抽出。这一技术主要靠多练习才能达到熟练掌握的程度。

以上仅简述了选择色谱操作条件的一些原则，但在实际操作中较为复杂，各个因素会相互影响相互制约，有时甚至是相互矛盾的。因此，色谱分析工作者必须在实践中加强学习，仔细摸索，不断总结经验教训，不断提高。

9. 定性与定量分析方法

(1)定性分析

色谱定性分析的任务是确定色谱图上每个峰代表什么物质;定性分析的根据是每个峰的保留值(保留时间)。

在一定的色谱条件下,每种物质都有一个确定不变的保留时间。但在同一色谱条件下,不同的物质可能具有近似或完全相同的保留时间。因此色谱定性往往是十分困难的。不过当已经知道样品组分,并且有标准的纯物质样品可以比较时,色谱定性又是十分容易的。

利用标准纯物质与样品组分保留时间比较时,可用不同的方式:

①在相同的色谱条件下,将样品和标准物质分别进样,分别测量其保留值。保留值相同,二者就可能是同一种物质。这种方式要求色谱条件十分稳定,保留值测量十分准确。

②若样品比较复杂,流出峰之间相距太近,或色谱条件难以保持稳定时,可先将标准物质加入样品中,混合均匀后进样,将所得色谱图与未加标准物质的图进行比较,哪个峰增高了,就可能与标准物质相同。

③为了定性结论更可靠,有时尚需进一步加以确证:在两根极性相差较大的柱子上,各自确定操作条件,分别进样分析。如在两根柱子上标准物与未知物的保留时间相同,则可确证二者是同一物质。

在用 GXD-502 作固定相分析变压器油中溶解气体时,烃类气体的出峰顺序依次为 CH_4,C_2H_4,C_2H_6,C_2H_2;用 TDX-01 时,出峰顺序依次为 H_2,O_2,N_2,CO,CH_4,CO_2。

(2)定量分析

色谱定量的依据是待分析组分的浓度(质量)与检测器的响应信号(峰高或峰面积)成正比,即:

$$C = f_i \times A \tag{4-5}$$

或

$$C = f_i \times h \tag{4-6}$$

所以,定量时需要准确测量响应信号的 A(峰面积)或 h(峰高)。

①峰面积(A)或峰高(h)的测量和计算

A 或 h 是色谱定量的基本依据。以前 A 或 h 是用高精度直尺直接从色谱图上获得的。这时的近似计算公式为:

$$A = 1.065 \times h \times \Delta t_{1/2} \times K \tag{4-7}$$

或更准确的公式

$$A = 1.065 \times h \times (\Delta t_{0.15} + \Delta t_{0.85}) \times K \tag{4-8}$$

式中 A——峰面积;

h——峰高;

$\Delta t_{1/2}$、$\Delta t_{0.15}$、$\Delta t_{0.85}$——分别为峰高 1/2、0.15、0.85 处的峰宽。

在用外标法作相对测量时,系数 1.065 可以省去。当色谱峰形不对称时,把整个峰当成近似的等腰三角形来进行处理,计算的面积有较大的误差。

现在使用的工作站,是计算机通过测量到的电信号值来测量的,一般只须通过设定恰当的分析参数或在所得到的色谱峰上正确截取峰的起、止点,计算机就可以自动计算出 A 和 h。

②色谱峰的切割处理原则

实际工作中,基线往往会发生漂移,且常不对称,甚至发生峰形交替的现象,如何确定峰底,就是定量分析中首先要解决的问题。如图 4-5 所示。

规则色谱峰的处理:把基线当峰底,以一直线将峰两侧向下延伸,与基线相交所围成的三角形面积;

当基线漂移时，应从峰起点到终点作连线为峰底；

两峰部分交替成马鞍形，如峰形对称且交替部分较少时，则可从相交点向峰底作垂线来划分两峰；

两峰部分交替成马鞍形，如峰形对称且交替部分较多时，则应对两峰相交的峰侧各作切线来划分两峰；

两峰部分交替成马鞍形，如峰形不对称时，应当溶剂峰处理。

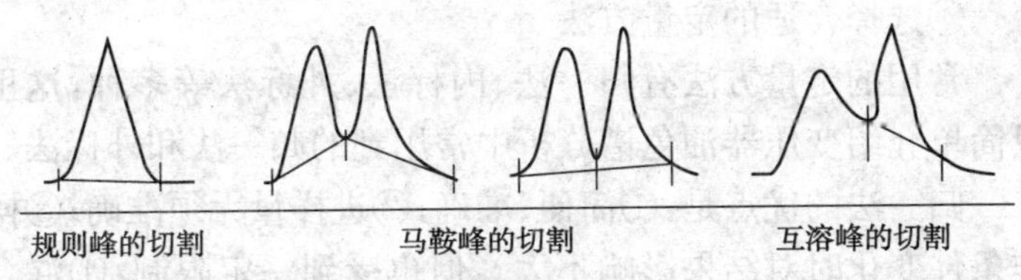

图 4-5　色谱峰的处理原则

使用气相色谱分析工作站时，因参数设置不合理，或即使对于大部分峰合理而对个别峰不一定合理，常需人工处理色谱峰，这时只需重新选定峰底两侧（即三角形的底边），计算机就可以自动进行计算。

③准确求得校正因子 f_i

色谱的响应信号除正比于组分的浓度外，还与样品的性质（即 f_i）有关。即在相同条件下，浓度相同的不同物质，产生的信号大小可能不同，因此引入校正因子的概念。由于在气相色谱中准确测量 C 和 A 比较困难，所以实际上都采用相对校正因子（经常省略“相对”二字）：

$$f_i = C_i \times \frac{A_s}{C_s} \times \frac{1}{A_i} \tag{4-9}$$

式中　C_i——被测组分 i 的浓度；

C_s——标准物的浓度；

A_s——标准物的峰面积；

A_i——被测组分 i 的峰面积。

f_i 可从文献查到，但更可靠的是直接测量。即准确称量一定量的待测物和纯物质，进样，分别测量峰面积，即可求得其校正因子，所用试剂均需色谱纯，或者已知其浓度。在变压器油色谱工作站中，只要用标准气样进样，并计算出峰面积后，就可很快自动算出校正因子。计算出校正因子后，再通过进样，又可依上式计算出被测组分的浓度。

④选择合适的定量方法

常用的定量方法有归一法、内标法、外标法等多种，这里只简单介绍变压器油色谱分析中常用到的归一法和外标法。

归一法的优点是：①简便、准确；②进样量无须准确；③操作条件变化时对结果影响不大。但也受到一定限制：①混合物中所有组分必须都出峰；②必须测出所有峰的 A 或 h。

归一法就是分别求出样品中所有组分的 A(或 h)和校正因子，然后依次求各组分的百分含量。在 A4802 变压器油色谱工作站中，就是利用归一法来求得峰高和峰面积的。

外标法的一个显著特点，就是它要利用已知浓度的外标物。通过对外标物和样品分别进样，然后通过式(4-10)计算出被测组分的浓度：

$$C_i = C_s \times f_i \times \frac{A_i}{A_s} \tag{4-10}$$

变压器油中溶解气体含量计算公式即是根据这一公式导出的。如采用机械振荡脱气法，则计算公式为：

$$C_i = 0.929 \times (K_i + \frac{V_g}{V_L}) \times C_s \times \frac{A_i}{A_s} \tag{4-11}$$

式中 C_i——油中溶解气体之 i 组分浓度；

K_i——组分 i 在 50 ℃时的分配系数；

V_g——50 ℃，101.3 kPa 时的平衡气体体积，mL；

V_L——50 ℃时油样的体积，mL；

A_i——样品气中 i 组分的平均峰高(或峰面积)；

A_s——标准气中 i 组分的平均峰高(或峰面积)；

C_s——标准气中 i 组分浓度。

四、适合变压器油分析的气相色谱仪的特点及调试要点

1. 几种典型的色谱分析流程图

适用于变压器油分析的气相色谱仪种类很多，功能各异。有一次进样和二次进样等多种进样方式。但它们都具有共同的特定，即应必须同时具备 TCD 和 FID 检测器、CH_4 化器(转化炉)。检测器的基本要求是对 C_2H_2 的最小检出量不小于 1 μL/L。下面简单介绍国内比较流行的几种典型的气相色谱分析流程。

(1)河南中分 2000A 气路介绍(单针三检测器系统)

如图 4-6 所示，最典型的特点是采用双氢焰检测器和 CH_4 化器，可一次进样实现 7 组分分析。该色谱仪为变压器油专用色谱仪，没有太多的扩展功能，但稳定性相当好。目前，在笔者使用过色谱仪中，该仪器最稳定、最可靠，故障率最低。

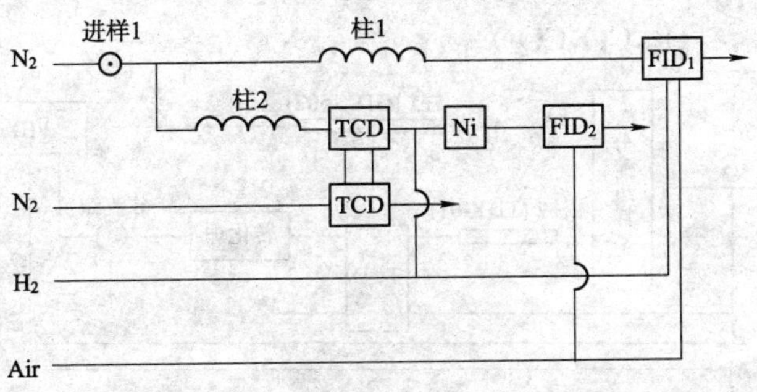

图 4-6　中分 2000A 单针三检测器气路图

(2)北京分析仪器厂生产的 SP3430 型色谱流程图(六通阀切换分配系统)

如图 4-7 所示,为通用型色谱仪,可扩展的功能很广泛,精密度高,但稳定性相对较差,尤其是基线的控制不是很理想。

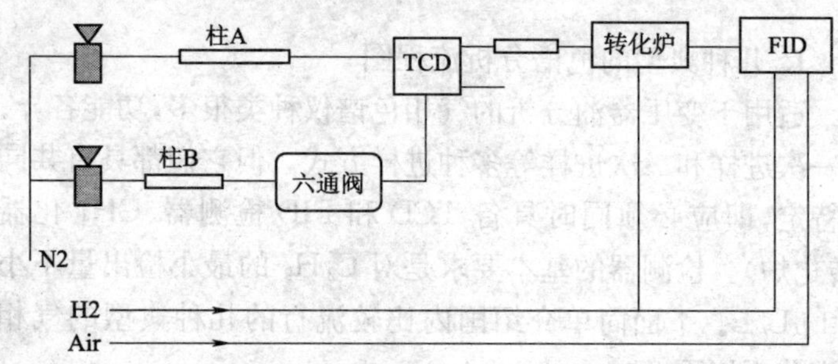

图 4-7 SP3430 型六通阀切换分配系统色谱流程图

(3)山东鲁南化工仪器厂生产的 SP9800 型色谱流程图(双柱并联分流柱系统)

如图 4-8 所示,SP9800 型气相色谱采用双柱并联分流柱系统,TCD 和 FID 双检测器及 CH_4 化器,能一次进样实现油中溶解气体九组分全分析(包括 H_2,O_2,N_2,CH_4,C_2H_4,C_2H_6,C_2H_2,CO,CO_2)。

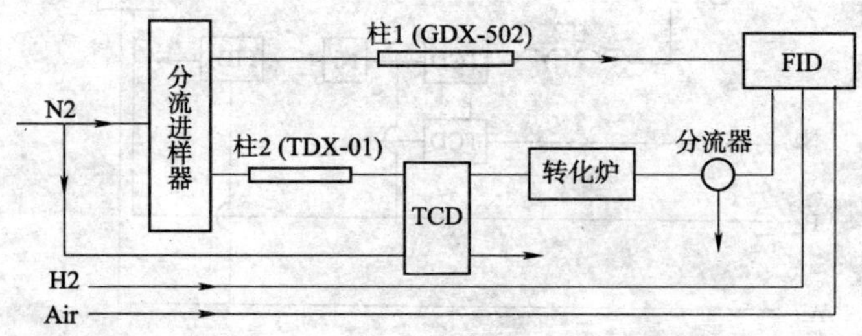

图 4-8 SP9800 型双柱并联分流柱系统色谱流程图

2. 有关概念的简单介绍

①色谱条件：柱温（柱箱温度）、热导（池温度）、氢焰（检测器温度）、转化（柱温度）、（载气）流量。

②色谱柱：色谱仪的心脏。包括 GDX-502 色谱柱（图中的柱 1。分离 CH_4、C_2H_6、C_2H_4、C_2H_2 四个组分），TDX-01 色谱柱（图中的柱 2。分离 H_2、CO 和 CO_2 三个组分）。

③检测器：变压器油色谱分析中只需要用到热导池检测器和氢焰检测器。

a. TCD 检测器。如图 4-9 所示，热导池检测器是采用铼钨丝材料制成的热导元件做传感器组成的一种检测装置，热导元件被装在不锈钢池体的气室中，在电路上连接成惠斯顿电桥电路。热导池检测器是根据不同物质热传导系数不同而设计的，当热导池气室中的载气流量稳定，热导池体温度恒定时，由莱钨丝热电阻组成的电桥电路就处于平衡状态。当有样品进入时，由于样品热导率的不同，引起了莱钨丝温度的变化，继而引起了莱钨丝阻值的变化，从而输出一个电压信号，其大小即可反映组分的浓度。TCD 检测器只检测 H_2 一个组分。

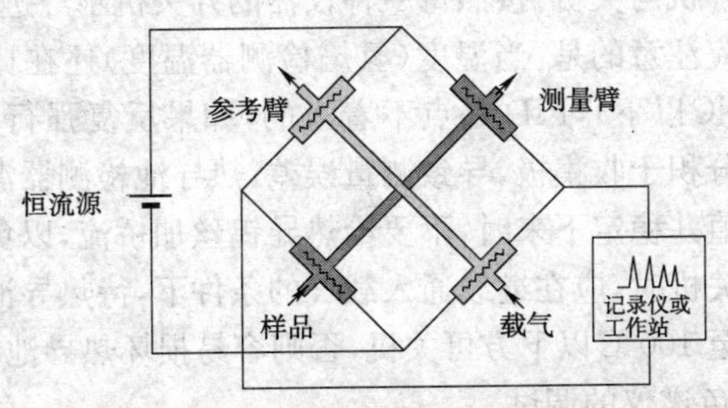

图 4-9　热导池（TCD）检测器原理示意图

b. FID 检测器。氢焰检测器以 H_2 在空气中燃烧生成的火焰为能源，当有机物质进入火焰时，在火焰的高能作用下，被激发而产生离子，在火焰上下方加一直流电场，有机物在氢火焰中被激发产生的离子在极间直流电场的作用下就定向移动，形成了一种微弱电流，然后流经高电阻放大后取出电压信号，如图 4-10 所示。FID 检测器检测 CH_4、C_2H_6、C_2H_4、C_2H_2、CO 和 CO_2 六个组分。

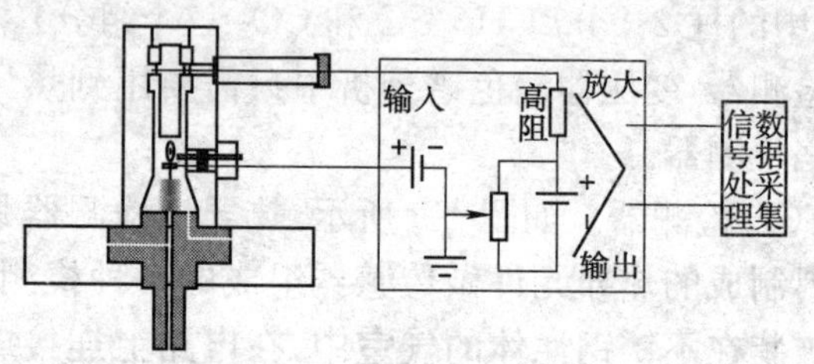

图 4-10　氢焰(FID)检测器原理示意图

④转化柱：一小段不锈钢柱管中装入适量镍(Ni)催化剂制成。这是需测定碳的氧化物含量的色谱仪必须配置的特殊部件，用于将 CO、CO_2 预先转化成 CH_4，然后测量 CH_4 的含量，从而间接换算出 CO、CO_2 的含量。

⑤开机与关机：按照每一种仪器的开关机步骤进行操作。但特别应注意的是：当温度(氢焰检测器温度)还在比较低时(约 200 ℃以下)，FID 是点不着火的，如果反复强行点着，会导致水分积于收集极，导致测量误差；热导池检测器温度未达到设定值并稳定下来时，不要给热导钨丝加桥流，以免损坏热导池。关机时，应在继续通入载气的条件下，待热导池检测器温度降至 100 ℃以下方可关机，否则容易损坏热导池检测器。

3. 色谱仪的调试

调试总的原则是观察色谱峰的形状，柱温与载气流速配合调节。当峰分不开时，可适当降低柱温或适当降低载气流速，但峰形有可能拖尾。为了减少拖尾现象，可在保证色谱峰相互分离的前提下，适当升高柱温或适当加大载气流速，如图4-11所示。

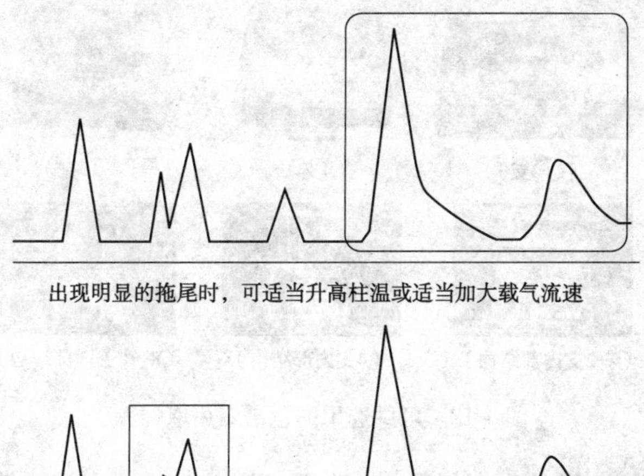

图 4-11　选择色谱条件的基本原则

五、色谱分析中的操作要领

色谱分析基本过程：全密封取油样——油样定量——定量加 N_2——振荡——无损失气体转移——读数——定量取气样——定量进样——自动出峰——数据处理。要使分析结果一致性好，必须使作业者的操作在每一个环节中都要一致。这就要求色谱分析人员掌握必须的操作要领。下面分别介绍分析过程各重要环节的操作要领。

1. 色谱油样取样装备

应使用符合《导则》要求的专用取样装备取样、储存和运送样品。实施全密封取样，全避光保存和运输。储存和运送样品过程中，注射器芯都应在自由滑动状态下。建议可选用的装备如图 4-12 所示。

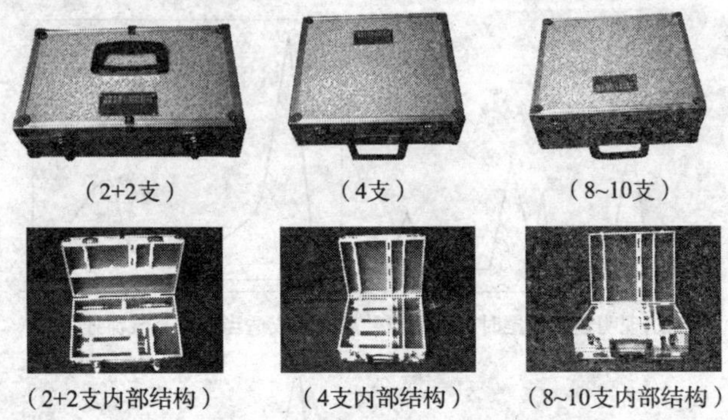

图 4-12　可供选用的色谱专用取样箱

2. 油样的全密封取样操作要领

①取样容器：采用密封性能完好且活塞活动自如的 100 mL 全玻璃医用注射器。新注射器使用前应做检查，并符合要求。

从机车上取油样时应采用如图所示的专用标准取样器，包括专用取样阀、特制耐油硅胶管、专用小三通、100 mL 全玻璃注射器和小胶帽等部件，如图 4-13 所示。

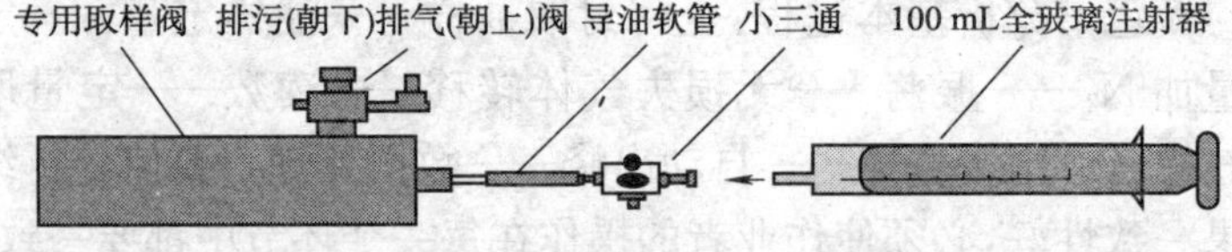

图 4-13　色谱油样全密封取样操作示意图

取样时，放油阀处的水分、油泥、纤维等杂物均应抹干净；套上取样器后，应打开三通阀预先冲洗管道和三通，排除取样阀中的油泥和空气。套上注射器后，再用油冲洗注射器 2～3

遍后方可正式取样。取样过程中应尽量防止混入空气、水珠、纤维、油泥等。取样后,应套好小胶帽密封,尽快分析。确因具体原因不能尽快分析时,应存放在相对湿度小于50%的避光场所,最长存放时间不应超过4天。

取好的油样中应完全没有气泡和其他污物,取样量足够使用。

②取样量:单纯的色谱分析,40～60 mL就够了,如还需测定微量水分,则应取油样60～100 mL。《电力机车色谱(微水)取样方法》参见笔者根据《导则》和特别设计的专用取样工具而拟订的附录一。

3. 气体样品的全密封取样操作要领

①取样容器:采用密封性能完好且活塞活动自如的5 mL全玻璃注射器。新注射器使用前应做检查,确保符合要求。

从气体继电器上取气体样时应采用如图4-9所示的取样装置,笔者特别设计了包括用若干合适规格的特制硅胶管相互套接的简易取样装置、特制硅胶管、密封性能更加优良的专用小三通、5 mL全玻璃注射器和小胶帽等部件,如图4-14所示。该装置适应不同规格的取样阀门,简便易行,可靠性好。

因气体的量一般很少,为保证取样量足够,且尽量具有代表性,取气体样品时有其特殊的方法。

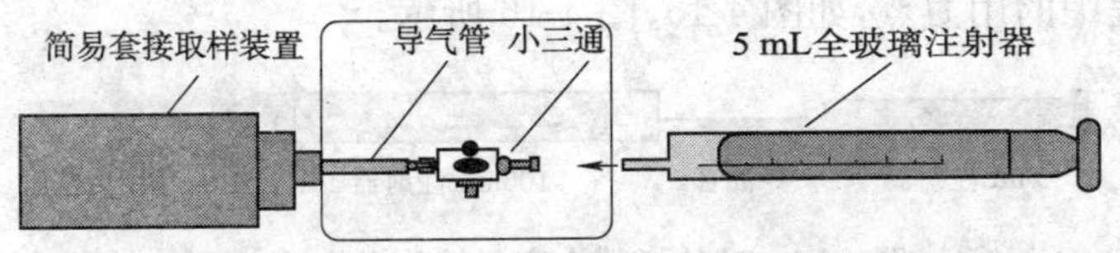

图4-14 气体样品全密封取样操作示意图

取样时,放油阀处的水分、油泥、纤维等杂物均应抹干净;逐级套上硅胶管组成简易套接取样装置后,先套上注射器,再打开三通阀，开气，让气体进入注射器，关闭出气阀，注射器套上预先排净空气的小胶帽后，再换用一支注射器依次取样，如果气体较多，再将第一支注射器排尽后第三次取样。这样以第三支注射器的样品进行分析（因为它进行了一次本体气样的清洗过程）。同时保存好第二支注射器的样品。取样过程中应尽量防止混入空气。为此，应尽量减轻三通阀转动时对管道和取样器的扰动，避免简易套接装置松脱或漏气。取样套好小胶帽密封，尽快分析。这样取样能有效避免了万一气体太少时取不到所需的气体量。实际操作中还可以不用三通阀，将注射器直接套在取样装置上，以便尽量减少空气的带入，这时图中画方框的部分就不要了。

②取样量：可能很少，根据故障气体原有的量来确定，最多 5 mL 就够了。

③沿线现场取气体样品，以及气体样品的存储运输过程宜选用图 4-7 中"(2+2 支)"取样装备。该装备中，笔者特别为此设计了可以放 5 mL、100 mL 的定位卡，同时配备了可取油样和气样的整套备品，实用、方便。

4. 样品的转移操作要领

在转移油样和气体样品的过程中，都要求做到全密封操作，不能将空气混入油样或气体样品中。为此，应注意转移过程中的用力点，如图 4-15、图 4-16 所示。

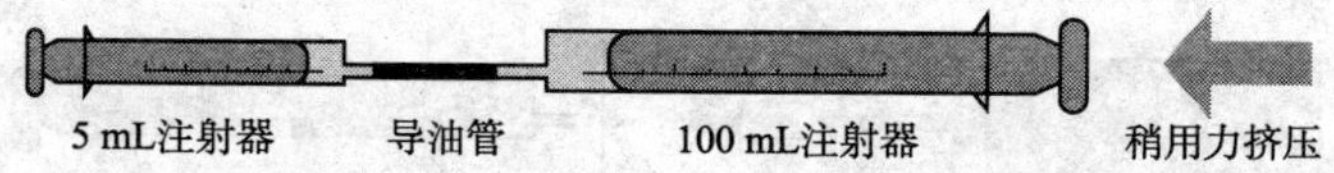

图 4-15　液体样品全密封转移操作示意图

5. 振荡过程中的操作要点

(1)油样的定量：40.0 mL。如果样品量小于 40 mL，应在工作站的参数设置页面输入准确的油样体积。

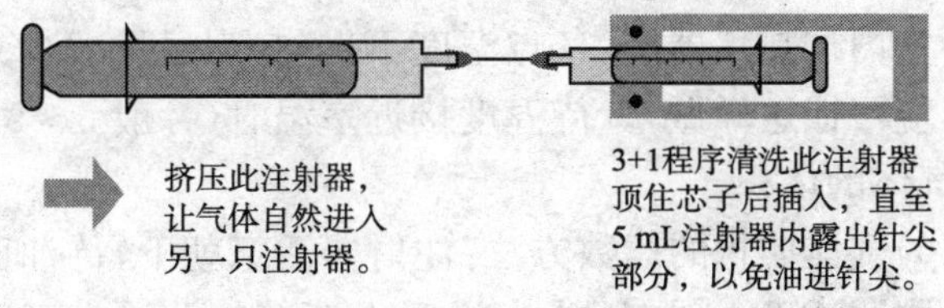

图 4-16　气体样品转移操作示意图

(2)N_2 的加入量：5.0 mL。如果加 5.0 mLN_2 后的脱气量太小(如小于 1 mL)，则可加大 N_2 的加入量，但在向工作站的参数设置页面输入脱气量时，应将所得的实际脱气量校正至加 5 mL N_2 时的体积。如加入了 10.0 mL N_2，脱气后得到 3.0 mL气体，那么应输入 1.5 mL。取样时应使用 5.0 mL 定量注射器。

取 N_2 前，每次执行同样的操作。因为 N_2 很多，可以多次进行清洗，建议取 N_2 前，每次用 N_2 清洗注射器 1～2 次(或采用统一的 3＋1 清洗程序)。

(3)注射器在振荡托盘中的摆放：紧固、平衡，位置固定。样品数量不多时应尽量摆在同一层。

(4)气体样品的转移：按图 4-17 所示的操作进行，并注意用力部位。

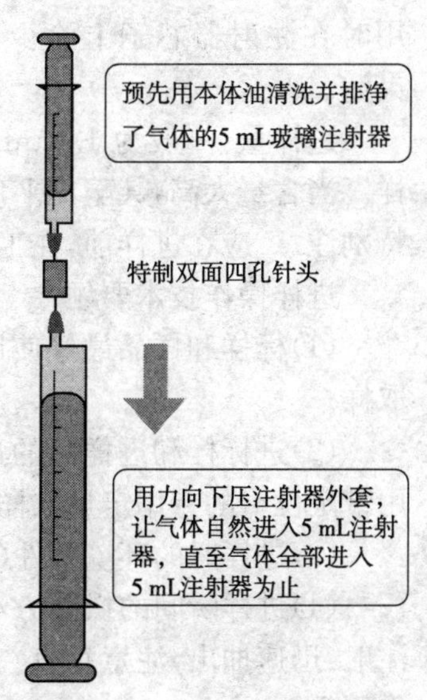

图 4-17　从油样中转移气体

(5)样品在空气中恒温：气体样品转移到 5 mL 注射器后，应摆放在工作台面的同一位置

(因为室内加热仪器多,各点温度不均匀,为尽量减少人为的误差,应习惯这样做)。待温度接近室温时(一般 3～5 min),读取气体的体积。

(6)气体体积的读数方法:注射器活塞朝下,待油面稳定后,读取凹液面上沿(因为上沿看得清楚一些。也可以是下沿,但每次都应如此)与刻度相切的毫升数。

(7)装有气体样品的注射器的握法:尽量不要握有气体的部分,以免因手与注射器的温差,造成气体体积的变化。

(8)取样前读取当前的大气压力和室温,至少应读准至小数点后一位。进样前向工作站准确输入当前环境参数。

6. 进样技术要领

进样工具:采用带定位卡 1 mL 医用蓝芯注射器进样。使用时在注射器芯子上涂少许变压器油,以确保密封和运动灵活。

进样量:一般为 1.0 mL。应使用 1.0 mL 定量注射器取样。当含量太高,甚至出平顶峰时,应适当减少进样量。但应特别注意:应在进样前,在工作站的条件选项中修改进样量。

进样操作技术要领:

(1)标样和样品最好使用同一支密封良好的定量注射器取样;

(2)进标样和进样品的进样量读数应完全一致。最好使用带定位卡的专用定量取样注射器;

(3)进样时的环境条件(温度、大气压力等)一致;

(4)进样瞬间的操作方法一致。针尖要"迅速插入、迅速注射、迅速抽出,注意垂直"。即"三个迅速加一个垂直"的操作要领;

(5)取样前注射器的清洗方法一致。由于注射器存在死体积,进样时可用待取气体清洗多次,以得到比较准确的结果。但试验中样品的量常常不大，无法多次清洗。因此实际操作中往往是用空气进行清洗。这就要求在对标准气和样品气取样前，都按同样的方法（抽动次数一致）清洗针管。则死体积中的空气对两种气体的稀释作用是完全一致的，在两次相对测量中可以相互抵消，不会影响定量分析结果。

在实际操作中，向色谱仪进样总的原则是：进样口的死体积要尽量小，进样速度要快，进样量合适，且每次取样量要一致。每次按同一方法清洗注射器并定量取样后，迅速垂直将针尖一次性插到底，迅速注射后迅速垂直抽出。这一技术要靠多练习才能达到熟练掌握的程度。

7. 混合标准气及其在使用时的注意事项

标准混合气的适用浓度如表 4-4 所示。

表 4-4　标准混合气的适用浓度　（μL/L）

气体组分	低浓度	高浓度	气体组分	低浓度	高浓度
H_2	400～800	1 000～1 500	C_2H_2	40～60	200～300
CH_4	40～60	200～300	CO	250～500	1 000～1 500
C_2H_6	40～60	200～300	CO_2	1 000～2 000	5 000～6 000
C_2H_4	40～60	200～300	N(氩)	其他	其他

对外标气的要求如下：

（1）有国家计量部门认证的单位专门配制并经准确标定的混合气样。

（2）对各测定组分有适当浓度，对于分析出厂和新投运的设备，以及其他含气量较低设备，宜使用低浓度的标准气样进行标定。对运行中的设备，一般气体含量较高，宜使用高浓度的标准气进行标定。

（3）在有效期（一般为 1 年）内使用。自配标气是指用已知浓度的“纯”气样自行配制的标准气样。一般用于对 H_2 的标定。

为了提高分析准确性，除 H_2 外，一律采用混合标准气标定。

8. 色谱仪标定时的注意事项

色谱仪的标定：是指用外标法对各组分进行定性和定量分析。测量每个组分的保留时间对各组分定性，测量其色谱峰面积或峰高进行定量。

色谱仪标定应在色谱仪进入稳定状态(基线稳定)后进行。

校正因子的计算：有的工作站在进标准样出峰结束后，还有一个校正因子的计算过程，这时，应检查各组分的奥斯特瓦尔德系数和标气浓度输入是否有错，如果有错，应立即更改过来。而对于 TSC-6801 工作站，只要在更换新标准气的第一次进标准样前，输入了新标准气的正确浓度，系统会自动计算出校正因子。因此，每次更换新标准气，都应输入一次新的组分浓度。

(1)出峰但工作站不能正确计算校正因子的处理方法：有时有个别小峰不能自动计算校正因子的情况。原因就是工作站系统没有自动判别该峰为组分峰，这时在色谱图上会看到此峰上方未自动标出该峰的现象，解决的办法就是重新进一次标样。

(2)固定注射器的清洗程序：取标准混合气时，为了减少分析误差，取样前应将减压表内的余气放空，再用标准气冲洗减压表 1～2 次，每天的操作次数相同。进样注射器也要按平时一样的清洗方法进行清洗后，再正式取样。笔者一直采用"3+1 清洗法"：即取样前，先用空气彻底清洗三次，再用所要取的气体彻底清洗一次，然后正式取样。因样品量少，故进样注射器一直采用"1+1 清洗法"。

(3)关于色谱仪的灵敏度：影响色谱仪灵敏度的因素很多，为保证测试结果的准确性，应在仪器稳定的情况下，在分析当天，用外标气进行两次标定，取其平均值。两次标定的误差应符合《导则》中 8.6 的要求。在实际中常以 C_2H_4 为代表，应在其平均值的±1.5%以内。我们更直观地观察最高峰 CH_4 的峰高，当平时峰高在量程设为 100 时，能满窗，那么就能满足这一个要求。

9. 色谱峰及其处理技术要点

定性分析：色谱定性分析的依据是各组分的保留时间。

出峰但分析结果为 0 的处理方法：在一定的色谱条件下，每一个组分都有各自相对固定的保留时间，因此在样品分析时，如果发现组分已经明显出峰，但色谱峰上没有标示组分的名称，分析结果中，该组分的分析结果为 0，这就说明本次分析工作站没有找到该组分的色谱峰(定性分析错误)。重新找回该组分的色谱峰的方法是：进入工作站的校正因子计算界面，将该组分的保留时间设定为本次分析的保留时间，再进行重新计算。

定量分析：定量分析的依据是色谱峰的峰高或峰面积。正确计算色谱峰的峰高和峰面积有比较严格的规定。这里只就色谱工作站中修改峰面积计算的简单操作方法做一个简单的介绍。在工作站中，只要正确截取色谱峰的底，工作站就能自动计算色谱峰的峰高和峰面积了。

10. 记录色谱分析结果的注意事项

(1)油中溶解气体分析结果，用在压力为 101.3 kPa、温度为 20 ℃下，每升油中各气体组分的微升数(μL/L)来表示。早期通常也用 ppm 表示。

气体继电器中的气体分析结果，用在压力为 101.3 kPa、温度为 20 ℃下，每升气体所含气体组分的微升数(μL/L)来表示。早期通常也用 ppm 表示。

(2)分析结果的记录符号：

“0”表示未测出数据；“—”表示对该组分未做分析。

(3)实测数据记录两位有效数字(笔者的理解应该是记录两位小数)。

(4)对脱出的气体,应换算到压力为 101.3 kPa、温度为 20 ℃下的体积 V_g。换算公式为:

$$V_g=\frac{293\times V_g{}'\times p}{101\,325\times(273+t)} \tag{4-12}$$

对于专用的色谱工作站,只要正确输入当前的大气压力和室温,工作站会自动进行换算。

(5)对所用油样的体积,也应换算到压力为 101.3 kPa、温度为 20 ℃下的体积 V_0。换算公式为:

$$V_0=[1+0.000\,8\times(20-t)]\times V_0{}' \tag{4-13}$$

式中 0.000 8——油样的热膨胀系数。

同样,对于色谱工作站,只要输入正确的油样体积和油温,工作站也会自动换算。

六、色谱分析系统常见问题及处理措施

本书以中分 2000A 为例介绍色谱分析系统常见问题及处理措施。其他型号的色谱分析系统可能略有不同。

1. 色谱仪常见故障的排查思路

首先做全面分析,不能简单地认为仪器不能正常工作,就下结论说是仪器坏了。经验表明,除仪器真有毛病外,相当多的问题发生在操作者对仪器的原理、结构特点、安装操作应注意事项的不了解或不理解,误操作而造成的。

证明有故障,就要判断是什么类型的故障:是基线噪声大还是灵敏度低?是温控问题还是检测器问题?是热导还是氢焰的问题等。

查找故障源:这一步是最重要的一个步骤,是解决问题的关键。经过第一步,判断有故障,就要静下心来认真分析,反

复查找，要用试验和数据来证明，不可只凭主观或经验等直接判断，就动手排除故障。

(1)先外后内的原则：有时引起故障的原因并不是仪器本身或检测器本身，而是环境条件如接地不良、电源不稳定、空气泵启动、有大功率电器共用同一电源或外围的附属设备如气源、工作站、标气、进样器等等，所以排查故障时，应先从外围查起。

(2)先简后难的原则：先从简单的步骤查找，如操作条件、参数设置、熄火等。试着改变一下操作条件，这些操作都比较容易做到。

2. 气路部分的常见故障

(1)漏气：气路泄漏检修结果表明，绝大部分的漏气点都发生于进样口、气路接头处和更换净化剂后的净化管处，至于管路中间的泄漏是很少见的。

在证实气路系统有泄漏时，可用分段堵住(如堵住某出口)或关闭气路(如净化器上的开关阀)的方法来缩小漏气发生的范围。例：H_2 发生器压力上不去，但流量却很大：有流量说明发生器已产气，利用分段法可先将净化器上的开关阀关闭，如果仍漏气可将发生器出口堵死，以缩小到某小部分之后可再用涂抹皂液的方法。

(2)堵塞：主要是气路管中有杂质或气路管有死弯所致。例：在更换净化剂时在净化管的出气口塞上棉花以防止杂质进入气路中。

排除故障：只有在证明和确定故障源的情况下，才能实施排除措施，否则继续查找验证。每一种色谱都有其固定且详细的接线方式，图 4-18 是中分 2000A 型色谱仪顶箱部分详细的接线图。特别提示，在实施过程中，如更换部件，要注意原来的接线方式、安装位置等并做好记录。要注意不要损坏周围的部件以免扩大故障范围：如接错线、接触不良等。接线要

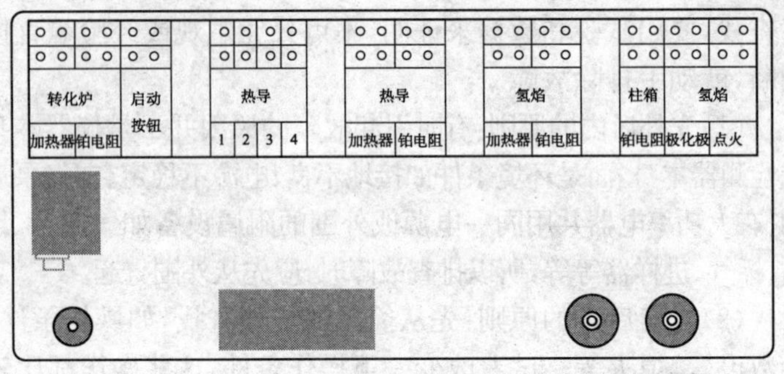

图 4-18　中分 2000A 型色谱仪接线详图

紧固，气路要拧紧不漏气，或有时临时性管路的要及时恢复避免过后忘掉。在处理完后要恢复原样，并认真仔细检查一遍，确保无误后再开机验证。

检查效果：在排除故障源后，要重新检验实施处理的效果，看是否正常，如果又出现原来的故障，说明没有查到真正的故障原因、故障部位或故障处理不彻底，处理过程也可能出现新的故障，应重新检查，从头做起或换换思路再查。

3. 温度控制部分的常见故障

(1)加热元件和测温元件均有一定的阻值，自身不能短路也不能断路。

(2)加热器与外壳绝缘，铂电阻有一端接外壳；用数字万用表 200 Ω 挡分别测四路铂电阻的阻值应在 100 Ω 左右，测对地电阻应有一路对地通路，用数字万用表 1 k 挡分别测转化炉、热导、氢焰检测器的加热器的阻值，应为 200～400 Ω，如阻值无穷大，说明加热器断路；如阻值很小，说明加热器短路，它们两脚的对地电阻正常应无穷大。柱箱加热器接线端子在仪器后面，打开仪器后盖板，在电机座的左侧，有一接线瓷座，测量左右两端的阻值应在 30～50 Ω 左右。

(3)固态继电器:当控制端有直流电压时,输出端导通。

4. 典型故障举例

(1)FID 点不着火

①检查 H_2 和空气压力是否正常(一般 H_2 压力一般要高于 0.015～0.045 MPa 之间,空气一般为 0.03～0.05 MPa 之间);对于 900 系列助燃 H_2 开关是否打开。

②点火源是否正常:900 系列是脉冲点火,点火线的头部不能与外壳相碰;中分 2000 系列为点火丝点火,正常阻值应为 2 Ω 左右。

(2)峰形低矮故障的排查方法

①首先应核实操作条件包括各种参数和条件(桥电流、衰减、气源的纯度、各气路压力、流量、各温度区的温度值)是否与原已知条件一致。

②漏气和进、取样技术检查:进样胶垫、注射器是否有泄漏,或注射器是否堵塞?这些是最常见的原因。

③取的标气是不是残余标气,或标气已经过期。

(3)油样制备常见的问题

问题 1:进 5 mL 平衡气,振荡脱气后,脱气量很小,脱出的气体体积不够分析用。

解决办法:引起此种现象的原因有两种:一个为橡胶堵帽漏气,每次选用胶帽时要先对其进行检查,确保使用的是完好的胶帽。另一个为油中的溶解气体量少,应增加平衡气的量并在进样前输入校正的进样量。

问题 2:进标样,C_2H_2 峰较低,其他峰正常。

解决办法:标气减压阀中残气未放净,摇晃标气瓶使气体均匀,并重新放气,做样正常 。原因是 C_2H_2 容易被吸附。

问题 3:进标样后,H_2 出负峰。

解决办法:气源为 N_2 发生器,产气不纯,更换为高纯氮钢瓶后正常。

问题 4:进标样后,H_2 峰越来越低矮,其他峰变化小。

解决办法:更换新标准气,原因是小分子 H_2 最容易逸散,钢瓶角阀关闭不严时,因 H_2 密度小,浮在气体上层,最先就泄漏了。因此,标气钢瓶在水平放置,使用前应摇匀。

(4)出平顶峰的处理方法

当样品中组分含量非常高,峰高信号超过工作站的量程范围时,就会出现平顶峰。解决的办法是减少进样量。将进样量减少到 0.5 mL 或 0.25 mL 试试。但进样量改变后,最终的计算结果应根据进样量计算实际值。

(5)影响结果计算的重要参数

工作站计算公式中涉及的很多参数,如标气浓度、进样量、脱气量、大气压、温度、试油体积等是操作人员手工输入的,如果不小心输错了参数,会对计算结果产生很大的影响。另外,气体来源如果不同,相应计算公式也不同,例如图 4-19 所示的做绝缘油分析时,气体来源选成了"气体继电器",结果会产生非常大的偏差。

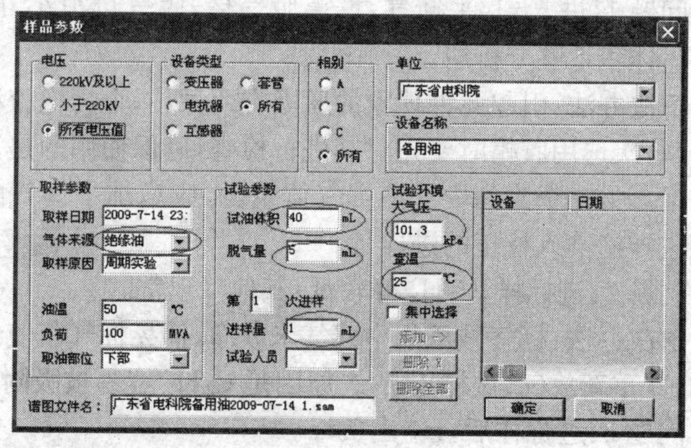

图 4-19 进样前必须输入的重要参数

5. 其他常见问题及解决措施

色谱分析过程中出现的故障比较多，也比较复杂，这里只对一些简单而典型的故障做一个简要的分析，以便抛砖引玉，帮助大家了解故障处理的简单思路。

(1)基线漂移：可能是某温度控制点温度不稳定或漏气等。

(2)基线噪声很大且变化无常：漏气的可能性比较大，也可能是调节旋钮接触不良等。

(3)FID 点不着火：载气流速过大、H_2 和 O_2 的配比不恰当、温度过低、进样垫漏气等。

(4)组分的保留时间变化大、定性困难：漏气的可能性比较大。

(5)已经出峰但没有分析结果：温度不恒定；漏气；标定和分析时的条件不一致等。可以通过修改校正表找回。

(6)CO、CO_2 不出峰或峰形低矮：原因可能是 Ni 催化剂失效。解决的办法是：在通 N_2 和 H_2 的情况下，将转化炉升温至 400 ℃，保持 4 h 左右，使催化剂得以还原。

七、填充柱的自行装配技术

在色谱分析过程中，由于误操作或使用时间过长等原因，色谱柱的分离效能可能发生变化。直接影响色谱分析工作的顺利开展。而色谱柱失效后，如要从厂家购买，不仅价格昂贵、而且因运输等原因往往需要较长时间，影响正常工作。为此，在这里特向大家介绍一项实用技术——填充柱的自行装配技术。系笔者反复试验而得，有兴趣的读者可选用固定相试试。

变压器油中溶解气体含量气相色谱分析方法一般采用二柱分离方案，所用分离柱一般都是 GDX-502(4 m)柱和 TDX-

01(0.6 m)柱，以下简要介绍这两种分离柱的自行装配方案，其设计理论不作介绍，只介绍 4 m 柱的具体装柱方案。具体步骤如下。

1. 工具、试剂及备品

ϕ3(或 4)×0.54 mm×4 m 不锈钢(或铜)柱

GDX-502(气相色谱固定相，60～80 目，天津化学试剂二厂生产)

真空泵(作机械杂质的就行)

手持式振荡器(8～10 W)

ϕ4 mm 软胶管(长度 15～40 mm)，2～3 根 ϕ15 mm 漏斗(玻璃、铜、不锈钢质地均可)

脱脂棉、玻璃棉、密封胶头、洗耳球、量筒(100 mL)

黄铜(或不锈钢)棒(ϕ2×60 mm)

高纯 N_2(99.99%以上)

无水酒精、丙酮

2. 清洗空柱管

(1)用 ϕ4 软胶管将漏斗和柱管连接起来。对于铜柱管，先用 10%的稀盐酸流洗至没有铜锈或其他悬浮杂质后，改用水洗净烘干备用；对于不锈钢柱管，则先用 10%的热 NaOH 溶液流洗至管内无油腻等污物，后改用蒸馏水洗净烘干备用。

(2)如(1)，加入丙酮流洗至残液无色透明。吹干备用。

(3)如(1)，改用酒精流洗柱管至残液无色透明。吹干备用。

(4)用高压 N_2 吹洗干净，然后将两头用密封胶头密封。

3. 清洗工具备品

(1)用酒精将量筒、漏斗、黄铜棒、胶管等清洗干净，晾干备用。

(2)用酒精将玻璃棉洗净，晾干备用。

4. 弯柱成型

根据柱箱空间大小，可将上述洗净的空柱管弯成O形、U形或螺旋形，一般弯成U形或O形。注意弯柱时应形成连续的弯型，不要产生折等形状突变，且应使弯处外径与柱内径之比为15：1～25：1。

5. 装柱

(1)取下上述备用空柱管一端的胶头，塞入适量的玻璃棉，并下压15 mm左右。用脱脂棉再擦洗量筒、漏斗、软管等。

(2)将弯好的柱管、真空泵、漏斗等按图4-20所示连接。

(3)用量筒量取与柱管容积相同的GDX-502(50 mL)。轻轻震动以便量取准确。

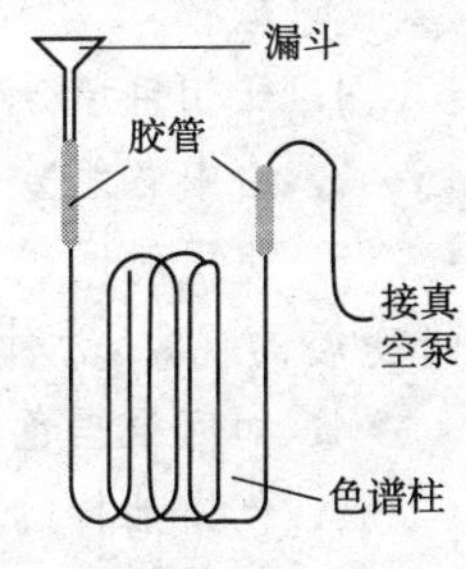

图4-20　装柱管路图

(4)开启真空泵，从漏斗处加入GDX-502，边抽真空、边加入、边用手持振荡器振荡柱管外壁，将GDX-502缓缓装入(时间约需2～3 h)。装不完，则说明管中残留空隙太多，必须反复振荡或重装。

(5)全部装入后，倒出1～2 cm深，塞入玻璃棉。

(6)取下柱管，用低压N_2置换柱中空气后，两端用密封胶头封住备用。

6. 注意事项

装柱后，要求固定相在柱内分布均匀紧密，不能留有空隙和死空间，松紧度合适。最简单的判断方法是看按计算量所量取的固定相体积是否能全部装完，若不能装完，则可能柱内留有空隙或太松。

7. 其他说明

TDX-01 柱的装柱方法 GDX-502 柱基本相同，只是将固定相作改变，且弯柱时 0.6 m 柱只弯成一个 U 形即可。装柱方法同上。

8. 色谱柱子的老化

GDX-502 柱：在载气（99.99%及以上的 N_2）的保护下，于 180 ℃连续老化 8～12 h 即可。

TDX-01 柱：在载气的保护下，于 130～210 ℃连续老化 4～8 h 即可。

1. 气相色谱分析的原理是什么？

2. 油中各组分分别是由哪种检测器检测的？

3. 使用时间较长，保养不良的色谱仪，常出现 CO、CO_2 峰变矮的现象，为什么？如何处理？

4. 如何根据色谱峰的峰形调整柱箱温度和载气的流量？

5. 色谱油样的取样操作中有哪些注意事项？

6. 如何转移气体样品才能尽量减小误差？

7. 注射器清洗有哪些特殊要求？

8. 进样操作技术要领有哪些？

9. 怎样使用混合标准气标定色谱仪？

10. 色谱分析结果的表示有何规定？

11. 定量分析中，如何正确截取色谱峰的峰底？

12. 进样品时，色谱仪能正常出峰，但分析结果为 0，如何处理？

13. 进标样时，色谱仪不能自动计算校正因子，该如何处理？

第五章　变压器内部潜伏性故障诊断方法

一、故障诊断时用到的数据和公式

1. 故障诊断时用到的数据(注意值)

包括设备油中特征气体含量的注意值(表 5-1、表 5-2)、特征气体绝对产气速率的注意值(表 5-3)、气体的逸散损失率等。

表 5-1　特征气体含量的注意值　(μL/L)

设备	气体组分	含量注意值	
		330 kV 及以上	220 kV 及以下
变压器和电抗器	ΣCH	150	150
	C_2H_2	5	5
	H_2	150	150
	CO 和 CO_2	见 GB/T 7252—2001	见 GB/T 7252—2001
套管	C_2H_2	1	2
	H_2	500	500
	CH_4	100	100

注:该表所列数值不适用于从气体继电器放气嘴取出的气样。

表 5-2　互感器油中溶解气体含量的注意值　(μL/L)

设备	气体组分	含　量	
		220 kV 及以上	110 kV 及以下
电　流互感器	ΣCH	100	10
	C_2H_2	1	2
	H_2	150	150
电　压互感器	ΣCH	100	100
	C_2H_2	2	3
	H_2	150	150

表 5-3　特征气体绝对产气速率的注意值　(mL/d)

气体组分	开放式	密闭式	机车主变*
ΣCH	6	12	6
C_2H_2	0.1	0.2	0.1
H_2	5	10	5
CO	50	100	50
CO_2	100	200	100

1. 当产气速率达到注意值时，应缩短检测周期，进行追踪分析。
2. *导则中没有规定，暂采用。

例如，如果变压器一个呼吸周期（一昼夜）的温差为10℃，那么在一个呼吸周期内，H_2 的逸散损失率约为每天2.5%，CH_4 约为每天 0.7%，其他烃类气体约为每天 0.2%。实际运用中，对于机车变压器，考虑到其特殊的强烈振动和地理位置移动(温差大)，总烃的逸散损失率应在每天0.25%～1.5%。

2. 故障诊断时常用的公式

(1)考察期间内组分含量的增加值

即用两次分析结果的差值，表示在考察期间内，组分气体实际增加的量。

用这一个量来进行分析更能准确地反映故障的发展状况。计算公式为：

$$\Delta C_i = C_{i2} - C_{i1} \tag{5-1}$$

(2)组分的绝对产气速率

即每运行 1 昼夜，所产生气体体积的平均数。单位为毫升/天(mL/d)。

$$\gamma_a = \frac{C_{i2} - C_{i1}}{\Delta t} \times \frac{G}{d} \tag{5-2}$$

式中　γ_a——组分 i 的绝对产气速率，mL/d；

C_{i2}——第二次测定 i 组分的含量，μL/L；

C_{i1}——第一次测定 i 组分的含量，μL/L；

G——设备总油重(包括储油柜中的油)，t；

d——油的密度，t/cm^3；

Δt——两次取样间的实际运行时间，d。

若考虑气体的逸散损失，则上式应改写为：

$$\gamma_a=(\frac{H\times i_1}{100}+\frac{C_{i2}-C_{i1}}{n})\times\frac{G}{24} \tag{5-3}$$

式中 H——气体逸散损失率，%/d；

n——呼吸周期数，若以一天为周期，则 n 为两次取样间隔内的实际运行天数，d。

笔者通常假设机车的最大利用率为每昼夜平均升弓运行20 h。那么

实际运行天数(换算天)＝20×两次取样间隔天数÷24 (5-4)

(3)组分的相对产气速率

即每个月(或折算到月)内，某种气体含量增加占原有值的百分数。单位为%/月。计算公式为：

$$\gamma_r=\frac{C_{i2}-C_{i1}}{\Delta t\times C_{i1}}\times 100 \tag{5-5}$$

式中 γ_r——组分 i 的相对产气速率，%/月；

C_{i2}——第二次测定 i 组分的含量，μL/L；

C_{i1}——第一次测定 i 组分的含量，μL/L；

Δt——两次取样间的实际运行时间，月。

$$\Delta t(\text{换算月})=\text{换算天}\div 30 \tag{5-6}$$

相对产气速率也可以用来判断充油电气设备内部的状况。总烃的相对产气速率大于10%时，应引起注意。对ΣCH起始含量很低的设备，不宜采用此判据。

实际工作中，与判断有无故障一样，也需把气体浓度的绝

对值和相对产气速率结合起来诊断故障的严重程度。笔者常把 ΣCH 绝对值超过注意值的 5 倍(75 μL/L),且绝对产气速率超过注意值的 2 倍(12 mL/d)时,可以判为较严重故障。

(4)考察产气速率时必须注意以下几点:

①考察期间的时间间隔应适中,一般以 1~3 个月为宜。

②考察期间内变压器不得停运,并保持稳定。但对于机车变压器来说,这显然是不可能做到的。因此,应在计算时,应扣除停机时间,使用实际运行时间。

$T_{实际}=T(20/24)$(假设机车的最大利用率为每昼夜平均升弓运行 20 h)。

③如果变压器油进行了脱气或滤油处理,脱气后一星期左右应取样,并将这次分析结果作为考察期间的起点。

④考察期间内设备停运或脱气处理或油中含气量本来就很低时,使用相对产气速率判据会造成较大的误差。

二、故障诊断的基本步骤

设备故障诊断是一个不断收集数据,逐步判断的过程,关键是要收集到足够的分析数据。企图开展色谱分析以后就能立即发现设备内部的潜伏性故障,这是不现实的。大家注意看右图的循环工作过程。但一旦发现色谱分析结果异常,或变压器油的闭口闪点等指标出现明显的异动时,应加强色谱分析和油的质量检测。当怀疑设备内部存在故障时,应参照图 5-1 所介绍的基本流程按以下步骤进行诊断。

1. 判定有无故障。即首先要判定设备内部是否确实有可能存在潜伏性故障。如果没有故障,以下进行的每一个分析过程都是没有意义的。

2. 判断故障类型。如过热、电弧、火花放电和局部放电等。

3. 诊断故障的状况。如热点温度、故障功率、严重程度、发展趋势以及油中气体饱和水平、达到报警所需时间等。

4. 提出相应的反事故对策。如能否继续运行、是否需要先进行外部检查、是否需进行电性试验、是否需要更换外围设备,是否需要吊芯进行内部检查等。

非电量法诊断故障基本流程如图 5-1 所示。

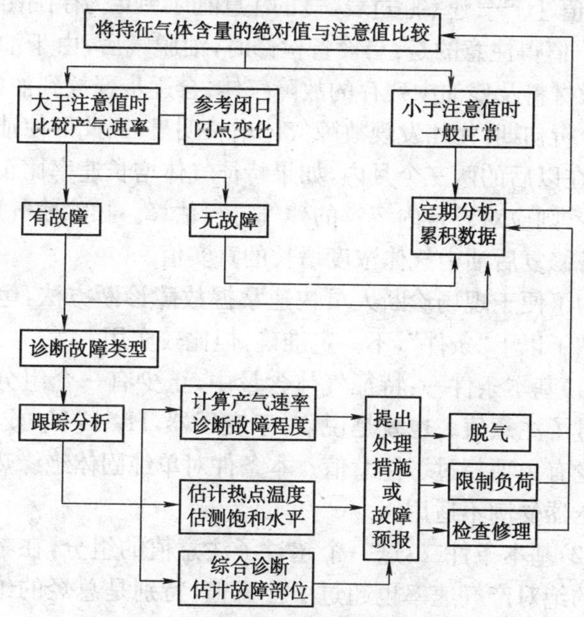

图 5-1　非电量法诊断故障基本流程

三、判定设备可能存在故障的基本条件

1. 当油中溶解气体含量任一主要指标超过表 5-1 中所列出的指标时,应引起注意。但《导则》推荐的注意值是指导性的,它不是划分设备是否正常的唯一标准,不应当作为"标准"死抠。最终判断有无故障还应根据追踪分析,考察特征气

体的增长速率。

2. 有时即使特征气体低于注意值，但突然增长时，仍应追踪分析，以查明原因。有的设备因某种原因使气体含量基值较高，超过注意值，也不能立即判定有故障，而必须与历史数据比较或进行追踪分析。

3. 实际判断时，是把分析结果的绝对值超过表 5-1 中所列出的注意值，且产气速率超过表 5-3 的注意值时，判定为存在故障。

4. 值得注意的是：当设备检修时，油脱气后，由于油浸泡的绝缘材料及残油中残存的故障气体，会逐步释放到油中，在追加分析初期，往往发现故障气体增长明显，因此即使油已经脱气，在以后的两三个月内，如果特征气体增长速率比正常设备快些，则应对设备内溶解的残气进行估算。扣除残气后，才是设备修复后油中气体浓度增长的真实值。

为了便于现场诊断人员快速掌握故障诊断方法，笔者特别归纳了以下“条件”，不一定准确，但比较实用。

(1)基本条件一：特征气体含量中，至少有一个组分的含量超过了注意值。也就是说，对于变压器，H_2、C_2H_2 或 ΣCH 中至少有一项超过了注意值。本条件对单纯固体绝缘热分解和变压器受潮不适用。

(2)基本条件二：这一个超过了注意值的组分，在考察期间内的绝对产气速率也超过了注意值，特别是总烃的绝对产气速率也超过了注意值。

(3)参考条件：变压器油的闭口闪点指标在考察期间内可能出现(过)明显的下降。变压器油的其他质量指标没有出现明显的异常。但这一条件不是很可靠，有时下降并不多或者根本就没有变化。

另外，变压器油的击穿电压是否出现趋势性下降和微量水分、是否出现趋势性上涨，是判断固体绝缘是否发生热分解或判断变压器是否变潮的一个重要参考。

(4)附加条件:考察期间一般不能太短。对于突发性故障,一般不要少于一个星期,对于潜伏性故障,一般不要少于3个月,但最长也不要超过半年。考察期间加密跟踪次数一般1～3次,太少看不出,太多也没有必要,不是越多越好。特别对于突发性的、严重的故障,只要能明确验证前面的诊断结果,就应果断出示预报了。

5. 特别注意:

(1)为了准确反应特征气体在考察期间的增长速度,在计算产气速率时,应采用特征气体在考察期间内的增加量,也就是两次分析结果的差数来进行计算。

(2)这里所说的特征气体产气速率,特别指总烃的产气速率。对于单纯的其他特征气体,当其产气速率超过注意值时就判定为设备内部存在故障,常会出现误判。

(3)对于固体绝缘热分解,应参考《油浸式变压器绝缘老化判断导则》(DL/T 984—2005)进行判定。

四、三比值法诊断设备故障简介

1. 三比值法

三比值编码规则如表5-4所示。设备故障类型判断方法如表5-5所示。

表5-4　三比值编码规则

气体比值范围	比值范围的编码		
	$a=C_2H_2/C_2H_4$	$b=CH_4/H_2$	$c=C_2H_4/C_2H_6$
<0.1	0	1	0
≥0.1～<1	1	0	0
≥1～<3	1	2	1
≥3	2	2	2

表 5-5　设备故障类型判断方法

编码组合			故障类型判断	故障实例(参考)
a	*b*	*c*		
0	0	1	低温过热(低于 150℃)	绝缘导线过热,注意 CO 和 CO_2 的含量,以及 CO_2/CO 的比值
	2	0	低温过热(150～300℃)	分接开关接触不良,引线夹件螺栓松动或接头焊接不良。涡流引起铜过热,铁芯漏磁,局部短路,层间绝缘不良,铁芯多点接地等
	2	1	低温过热(300～700℃)	
	0,1,2	2	高温过热(高于 700℃)	
	1	0	局部放电	高湿度、高含气量引起油中低能量密度的局部放电
1	0,1	0,1,2	低能放电	引线对电位未固定的部件之间连续火花放电,分接抽头引线和油隙闪络,不同电位之间的油中火花放电或悬浮电位之间的火花放电
	2	0,1,2	低能放电兼过热	
2	0,1	0,1,2	电弧放电	线圈匝间、层间短路,相间闪络、分接头引线间油隙闪络、引线对箱壳放电、线圈熔断、分接开关飞弧、因环路电流引起电弧、引线对其他接地体放电等
	2	0,1,2	电弧放电兼过热	

2. 三比值法的应用原则

(1)只有根据各组分注意值和产气速率有理由判断可能存在故障时,才能用三比值法进一步判断其故障性质。对于气体含量正常,且无增长趋势的设备,比值没有意义。

(2)假如气体的比值与以前的不同,可能有新的故障重叠在老故障或正常油、低老化上,为了得到仅仅相应于新故障的比值,要将最后的分析结果减去以前的分析数据,并重新计算比值(尤其是在 CO 和 CO_2 较大的情况下)。在进行比较时,还要注意在相同的负荷、温度以及相同的位置取样。

在这种情况下,笔者常以最初发现异常时和第一次加密跟踪时所获得的分析结果之差计算三比值，以此作为故障刚发生时故障性质判断的依据，成功率较高。

(3)由于溶解气体本身存在试验误差，导致气体比值也存在某些不确定性。利用以下所述的方法分析油中溶解气体结果的重复性见《导则》。对气体浓度大于 10 μL/L 的气体，两次的测试误差不应大于平均值的 10%，而在计算时，误差提高到 20%。当气体浓度低于 10 μL/L 时，误差会更大，使比值的精确度迅速降低。因此在使用比值法判断设备故障性质时，应注意各种可能降低精确度的因素。尤其是对正常值普遍较低的电压互感器、电流互感器和套管，更应注意这种情况。

(4)当设备固体绝缘老化时，一般 $CO/CO_2>7$。当怀疑故障涉及绝缘材料时（高于 200 ℃），可能 $CO_2/CO<3$，必要时，应从最后一次的测试结果中减去上一次的测试结果，重新计算比值，以确定故障是否涉及了固体绝缘。

3. 关于固体绝缘热分解的特别说明

经验表明：绝缘纸 200 ℃在以下低温热裂解时，主要产生 CO_2，还会产生一定量 CO、C_2H_2 和 CH_4，此时计算三比值，会出现 001、002、021、022 等组合，可能造成误判断。此时若进一步考虑各气体成分产气速率，如果 CO_2 始终占主要成分，且其产气速率一直比其他气体高得多，对于 001～002 及 021～022 等组合，应认为是固体绝缘老化或低温过热。

变压器单纯固体绝缘低温过热故障，会表现出油中气体总烃含量不大，但碳的氧化物含量很高，CO_2 占据主要成分的现象。而且随着老化的加剧，检测油中水分含量可能会持续增加，击穿电压也有可能会相应降低。

利用三比值的另一种判断故障类型的方法，是溶解气体分析解释表。

五、改良三比值法诊断设备故障简介

改良三比值法编码规则如表 5-6 所示。改良三比值法对故障类型判断方法如表 5-7 所示。

表 5-6　改良三比值法的编码规则

气体比值范围	比值范围的编码		
	$a=C_2H_2/C_2H_4$	$b=CH_4/H_2$	$c=C_2H_4/C_2H_6$
<0.1	0	1	0
≥0.1～<1	1	0	0
≥1～<3	1	2	1
≥3	2	2	2

表 5-7　改良三比值法对故障类型判断方法

<table>
<tr><th colspan="3">编码组合</th><th rowspan="2">故障类型判断</th><th rowspan="2">故障实例(参考)</th></tr>
<tr><th>a</th><th>b</th><th>c</th></tr>
<tr><td rowspan="5">0</td><td>1</td><td>0</td><td>局部放电</td><td>高湿度、高含气量引起油中低能量密度的局部放电</td></tr>
<tr><td>0</td><td>1</td><td>低温过热
(低于 150 ℃)</td><td>绝缘导线过热，注意 CO 和 CO_2 的含量，以及 CO_2/CO 的比值</td></tr>
<tr><td>2</td><td>0</td><td>低温过热
(150～300 ℃)</td><td rowspan="3">分接开关接触不良，引线夹件螺栓松动或接头焊接不良。涡流引起铜过热，铁芯漏磁，局部短路，层间绝缘不良，铁芯多点接地等</td></tr>
<tr><td>2</td><td>1</td><td>低温过热
(300～700 ℃)</td></tr>
<tr><td>0,1,2</td><td>2</td><td>高温过热
(高于 700 ℃)</td></tr>
<tr><td rowspan="2">1</td><td>0,1</td><td>0,1,2</td><td>火花放电</td><td rowspan="2">引线对电位未固定的部件之间连续火花放电，分接抽头引线和油隙闪络，不同电位之间的油中火花放电或悬浮电位之间的火花放电</td></tr>
<tr><td>2</td><td>0,1,2</td><td>火花放电兼过热</td></tr>
<tr><td rowspan="2">2</td><td>0,1</td><td>0,1,2</td><td>电弧放电</td><td rowspan="2">线圈匝间、层间短路，相间闪络、分接头引线间油隙闪络、引线对箱壳放电、线圈熔断、分接开关飞弧、因环路电流引起电弧、引线对其他接地体放电</td></tr>
<tr><td>2</td><td>0,1,2</td><td>电弧放电兼过热</td></tr>
</table>

六、立体图示法诊断设备故障简介

立体图示法对在三比值法或溶解气体解释表中给不出诊断结果的情况下是很有用的，因为它们在气体比值的极限之外。当然，若需用人工画出一张立体图还是比较困难的，但利用计算机绘制则十分容易，我们只需在工作站或其他专用软件中输入数据就可以直接查看。点落在那个区域就是哪个类型的故障。

立体图示法如图 5-2 所示。

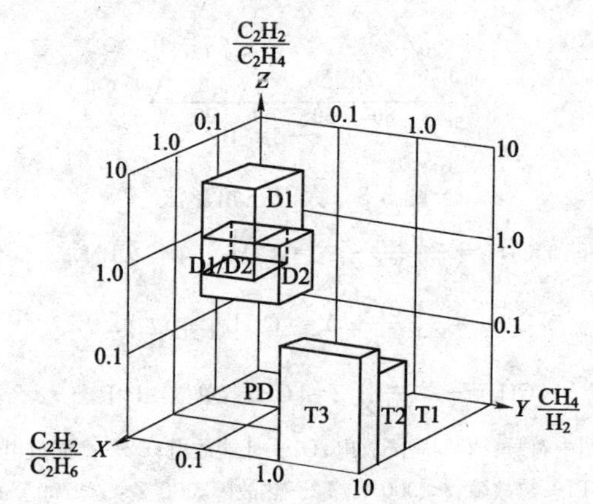

图 5-2　立体图示法

图中符号：PD—局部放电；D1—低能放电；D2—高能放电；

T1—热故障，t～300 ℃；T2—热故障，300 ℃＜t＜700 ℃；

T3—热故障，t＞700 ℃

为了显示清楚，轴以 10 为极限，但实际上是无限的。这更适合利用计算机软件显示。

七、大卫三角形法诊断设备故障简介

大卫三角形法对在三比值法或溶解气体解释表中给不出

诊断结果的情况下是很有用的，因为它们在气体比值的极限之外。

大卫三角形法如图 5-3 所示。

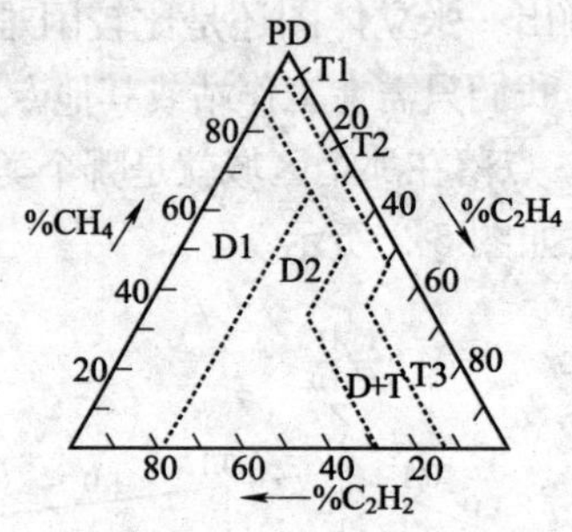

图 5-3　大卫三角形法

这里：%$C_2H_2=\frac{100X}{X+Y+Z}$，$X=[C_2H_2]$，单位：μL/L；

%$C_2H_4=\frac{100Y}{X+Y+Z}$，$Y=[C_2H_4]$，单位：μL/L；

%$CH_4=\frac{100Z}{X+Y+Z}$，$Z=[CH_4]$，单位：μL/L。

图中符号：PD—局部放电；D1—低能放电；D2—高能放电；

T1—热故障，$t<300$ ℃；T2—热故障，300 ℃$<t<700$ ℃；

T3—热故障，$t>700$ ℃

区域极限

PD	98%CH_4			
D1	23%C_2H_4	13%C_2H_2		
D2	23%C_2H_2	13%C_2H_2	38%C_2H_2	29%C_2H_2
T1	4%C_2H_2	10%C_2H_4		
T2	4%C_2H_2	10%C_2H_4	50%C_2H_2	
T3	15%C_2H_2	50%C_2H_4		

八、固体绝缘热分解的判定与判别

1. 单纯固体绝缘异常老化的色谱分析特征

变压器中的固体绝缘材料在热的作用下，会发生分子裂解的化学反应，即热降解反应。热降解使固体绝缘中的纤维素分子链发生解环或断裂，这种断裂也可能只发生在分子链的尾端，把最后一个环链解开，产生 CO 和 CO_2 等气体以及糠醛及其他呋喃化合物等液体。在 150 ℃以上时，纤维素结构中的化学结合水开始被脱除，发生去氢反应，开放式变压器中 O_2 含量较高，部分氢与氧化合生成水，导致进一步水解。试验证明，纤维素的分解作用，至少在温度接近 200 ℃时，仍不会产生大量的烃类气体，但 CO 和 CO_2 增加较快。因此，变压器单纯固体绝缘低温过热故障，会表现出油中气体总烃含量不大，但碳的氧化物含量很高，CO_2 占据主要成分的现象。而且随着老化的加剧，检测油中水分含量可能会持续增加，击穿电压也有可能会相应降低。

经验表明：绝缘纸 200 ℃以下低温热裂解时，主要产生 CO_2，还会产生一定量 CO、C_2H_2 和 CH_4，此时计算三比值，会出现 001、002、021、022 等组合，可能造成误判断。此时若进一步考虑各气体成分产气速率，如果 CO_2 始终占主要成分，且其产气速率一直比其他气体高得多，对于 001～002 及 021～022 等组合，应认为是固体绝缘老化或低温过热。

2. GB/T 7252—2001 对 CO 和 CO_2 的判断

当故障涉及固体绝缘时，会引起 CO 和 CO_2 的明显增长。根据现有的统计资料，固体绝缘的正常老化过程与故障情况下的劣化分解，表现在油中 CO 和 CO_2 含量上，一般没有严格的界限，规律也不明显。这主要是由于从空气中吸收的 CO_2，固体绝缘老化及油的长期氧化形成 CO 和 CO_2 的基值过高造成的。开放式变压器溶解空气的饱和量为 10%，设备里可以含有来自空气中的 300 μL/L 的 CO_2。在密封设备里空气也可能经泄漏而进入设备油中，这样，油中的 CO_2 浓度将以空气的比率存在。

经验证明，当怀疑设备固体绝缘材料老化时，一般 $CO_2/CO>7$。当怀疑故障涉及固体绝缘材料时(高于 200 ℃)，可能 $CO_2/CO<3$，必要时，应从最后一次的测试结果中减去上一次的测试数据，重新计算比值，以确定故障是否涉及了固体绝缘。

对运行中的设备，随着油和固体绝缘材料的老化，CO 和 CO_2 会呈现有规律的增长，当这一增长趋势发生突变时，应与其他气体 (CH_4、C_2H_2 及 ΣCH)的变化情况进行综合分析，以判断故障是否涉及了固体绝缘。当怀疑纸或纸板过度老化时，应测试油中糠醛含量，或在可能的情况下测试纸样的聚合度。

3. 一些观点和经验

固体绝缘的正常老化与故障情况下的劣化分解，表现在油中 CO、CO_2 含量上一般没有严格的界限，规律也不明显。但多年机车牵引变压器故障诊断的经验表明：机车变压器运行前 5～10 年内，油中碳的氧化物含量都比较稳定，当油中 CO、CO_2 突然剧增，绝对值分别超过 400、10 000，且占主要成分的 CO_2 的产气速率也发生了非常明显的变化，超过注意值的 2 倍时，就应考虑可以判断设备内部的固体绝缘正在发生局部或大面积深度老化的可能。读者若还有更多、更好的经验可以再交流。

4. 固体绝缘热分解故障实例

2011 年 8 月 25 日，某机务段 SS_9 型电力机车牵引变压器烧损。吊芯分解检查后发现，该变压器在制造过程中，存在制造工艺缺陷，固体绝缘的材质问题或制造时层间存在气隙导致绝缘不良等问题，长时间低温过热下造成绝缘膨胀，致使绝缘逐渐受到破坏。如图 5-4、图 5-5 列举了某段 SS_9 型电力机车变压器中固体绝缘烧损后的惨状，教训十分深刻。

图 5-4　磁轭被火化灼熔的痕迹

图 5-5　固体绝缘烧损痕迹

5. 固体绝缘热分解的严重危害

固体绝缘过热一般都是不可逆的，故障产生的水分反过来还将加剧绝缘的水解，形成了恶性循环，故障发展速度将以几何级数增大，任由其发展，最终结果必然导致变压器烧损，甚至引发火灾、爆炸事故。

九、故障预报及其注意事项

1. 故障预报的基本写法

故障预报是对故障情况的说明和诊断者对故障诊断理由说明的报告。要求阅读者在最短的时间内既能了解设备的现状、以前做过的检查、故障的基本情况、严重程度等基本信息，还应能了解诊断人员做出判断的理由和后续处理方案的建议，因此，预报内容既要尽可能详细，又要简明扼要，明确表达诊断者所要表达的内容。用词要专业、准确，态度要表达清楚。要求专家、专业人士和其他专业的检修技术员一看就都能明白你要表达的内容。

2. 故障预报应包括的主要内容

(1)之前所做检查的详细信息。包括历次色谱跟踪分析结果，变压器油历次常规分析结果，之前对变压器及其附属装置的检查情况等等。并对异常变化情况简要说明。

(2)标示所用的诊断方法。如标准号、方法名称等，便于验证。

(3)计算并出示“三比值”，产气速率、三角图、立体图等直观数据。标明计算推理时对于气体逸散损失、运行时间等数据的处理方式。

(4)明确给出故障性质、故障可能部位、故障严重程度估测等信息，如果大家有熟知的恰当例子最好也指出来，让人一看就明白故障大概情况，这样更便于领导和技术部门决策。

(5)给出检查和处理的建议。就目前的实际情况来看，故障诊断人员可能比技术科检修工程师更了解变压器故障的检查方法(非细节内容)，给出的建议不一定恰当，但至少是一个重要的参考。希望化验室的同志注意诊断知识的学习、经验的积累，尽可能具有针对性。也希望技术部门的同志能够正确对待化验室给出的检查和处理建议。

(6)其他需要说明的重要信息也应予以标示。

(7)注明色谱分析人员、变压器油异常项目的分析人员、故障诊断人员的姓名及联系方式。便于领导和技术部门核对和了解具体情况。

3. 技术科对待故障预报的态度和应采取的措施

化验室通过色谱分析能够发现问题，但最终解决问题还得依靠段领导和技术部门的重视和支持。技术部门对化验室出具的故障预报应有正确地认识。不要老抱着化验员只会摇瓶子，只能化验油水质量的老观念，以为仅凭在车外取点油样化验化验，不可能真正发现变压器内部的问题。或者自高自大，认为化验室只需要出数据，故障判断、查找和处理都是技术科的事，实际上对色谱技术是干什么的都不知道。这些观念应彻底改变。所谓"闻道有先后，术业有专攻"嘛，化验室长期辛苦工作出示的故障预报，应得到技术部门的尊重和重视。

目前，各机务段对于变压器故障、尤其是内部故障的查找和处理，一般都不具备这样的能力，技术科既没有检测仪器，也几乎没有人懂故障诊断，没有建立起收到故障预报后的处置程序，因而技术科收到故障预报后一般都不知道如何处置。实践证明，下面的做法是可行的：

技术部门收到故障预报后

(1)立即予以重视并迅速响应，指派专人负责处理。必要时向段领导反应。

(2)以段技术部门的权威性，向变压器生产厂方提出故障报告和派技术人员到现场检查的明确要求。或者与厂方商议回送检查。

(3)厂方技术人员到现场后，检修技术员和故障诊断人员要一道协同检查。如果回送检查，最好能通知化验室故障诊断人员到检查现场予以验证。

(4)初步检查之后,最好有段领导出面或主持,召开至少有技术科长、检修技术员、化验室故障诊断人员以及厂方技术人员参加会诊的故障诊断分析处置会,进一步诊断故障,确定下一步处理方案。

(5)处理故障时注意做好记录、拍好照片,留存实物。以便后续索赔、定责等事项。

(6)从长远来看,技术部门应该尽快建立故障诊断预报处置程序基本制度,同时积极配置最基本的检测仪器。如电力专用直流电阻测定仪(要求能测准至微欧姆级别)、专用超声波检测仪等。

4. 故障预报参考实例

本书收录了怀化机务段两份主变压器故障诊断的预报,供同志们今后撰写故障预报时参考。详见附录二、附录三。两份预报各有特点,附录二以文字叙述推理过程为主,便于现场技术人员理解;附录三以数据推理为主,便于变压器专业技术人员或相关专家了解分析预报人员的推理思路。如何选择,依预报对象而定。

十、设备故障的检查方法简介

色谱分析手段主要用于发现充油电气设备内部早期的潜伏性故障,但设备内部表现出潜伏性故障时,也有可能是外部最简单的因素引起的,比如安装螺栓松动、导线固定不牢等。因此,在对故障进行检查时,首先不要将问题想象得太复杂,而要从最直观的外观检查开始,检查每一个螺栓、每一个安装部件的状态。只有先排除了最简单的影响因素,才逐步采取其他技术手段排查设备内部的故障部位。

“受潮”本不属于变压器内部潜伏性故障研究的范围,是否受潮，用微量水分分析方法就能直观的发现。因此，当怀疑变压器受潮时，应进行微量水分分析，进一步确认诊断结果。同时，要对吸湿器内硅胶的变色状态、呼吸状况等进行分析。特别说明，如果硅胶上部变色也比较厉害，那就说明吸湿器上部管道存在漏气的处所，吸湿器处于虚设状态，应检查储油柜上部通气螺栓是否被打开，吸湿器上部管道是否有漏气点等，及时予以消除；而下部的硅胶变色非常快时，则应检查吸湿器底部帽盖中的变压器油的量是否够，如果不够，应予以补充。如果吸湿器底部硅胶变黑很严重，则可能是变压器油的量太多，或者因机车颠簸致使大量变压器油被硅胶吸附后，帽盖中的变压器油油位变得太低，起不到密封作用了。

对于放电性故障可通过超声波测量法定位。

对于变压器内部的热性故障，也可以通过测量直流电阻和铁芯绝缘电阻来确定是电路还是磁路故障，缩小判断的范围。

如果诊断为变压器内部可能存在引出线烧损或接触不良，可先采取直流电阻测量和绝缘电阻测量方法进行初步检查，将实际测量的直流电阻与变压器各绕阻直流电阻设计值进行比较，找出偏离很大的绕阻接线柱，之后对这些接线柱进行逐个检查。特别注意检查各夹套是否松动，是否有放电痕迹，是否烧结，是否有发热痕迹等。处理后再测量，看是否还有大的偏离。怀疑引出线软扁线烧损或接触不良时，则必须进行吊芯检查方能得到验证。

如果变压器进行吊芯检查，色谱分析人员和故障诊断人员应亲临现场，一方面验证诊断结果，另一方面亲临现场学习、了解变压器的结构特点，对于提高诊断技术水平非常有益。

检查和处理故障时，技术部门和化验室都应注意做好记录、拍好照片，留存实物。以便后续定责、索赔等事项。

讨论题

1. 诊断充油电气设备内部故障的基本步骤有哪些?

2. 如何判定设备内部确实存在故障?

3. 常用的诊断故障类型的方法有哪些?

4. 在计算气体产气速率时，怎样做才更能准确反映特征气体在考察期间内的增加量?

5. 使用产气速率这个量判断故障的发展程度时有哪些因素应特别加以注意?

6. 固体绝缘热分解有哪些特点?

7. 诊断固体绝缘热分解故障时有哪些因素会导致误判?

8. 故障预报应包括哪些具体内容? 撰写故障预报时应注意哪些?

9. 技术部门该如何对待故障诊断预报，采取哪些措施检查和处理故障?

10. 化验室出示故障预报后，色谱分析和故障诊断人员还应到现场做哪些工作?

11. 检查和处理故障时，色谱分析和故障诊断人员还应到现场做哪些工作?

第六章　变压器内部潜伏性故障诊断实例

一、潜油泵故障诊断与处理实例

怀化机务段自2005年诊断出第一台机车主变的故障后，我们后来又诊断出了18台次存在故障的机车，其中有5台次是潜油泵方面的问题，下面以我们诊断的某电力机车的潜油泵的诊断过程为例为大家作讲解。

表6-1　某机车变压器油中气体含量历次分析结果　（μL/L）

分析日期	H_2	CO	CO_2	CH_4	C_2H_6	C_2H_4	C_2H_2	ΣCH	处理
2004.04.01	4.4	55.2	656.0	6.5	3.3	45.8	36.4	92.0	跟踪
2004.06.10	710.5	303.8	989.4	238.5	38.4	389.6	298.7	965.2	跟踪
2004.06.17	735.2	334.8	1078.0	241.8	36.5	453.0	318.5	1049.8	跟踪（预报）
2004.06.25	393.4	145.2	870.4	278.5	40.0	515.4	330.5	1164.4	跟踪
2004.07.08	642.7	454.4	2343.0	348.6	49.5	681.4	423.4	1502.9	更换潜油泵
2004.08.04	61.0	85.3	2799.7	140.6	42.4	448.7	266.7	898.4	滤油

从表6-1数据中可以看出在考察期间内多次对该车进行了跟踪分析，特别要说明的是：当4月1日发现C_2H_2超过注意值之后，两个月左右进行了第一次跟踪分析，这一次发现特征气体增加非常快，各种特征气体含量的绝对值都已超过了《导则》规定的注意值，计算总烃的产气速率也已经超过了注意值，初步判定该机车主变或其附属部件确实存在发展比较

迅速的故障，于是提出了故障预报，同时加密跟踪。跟踪周期由原来的两个月减少到一个月、十天左右。加密跟踪的主要目的是要进一步确认先前的判断。从跟踪的数据来看，气体增速相对来说不是太快，且 CO、CO_2 也在缓慢地增长，比较符合潜油泵故障的特点。进一步确认了先前的判断。到 7 月 8 日机车辅修时更换了潜油泵。换泵后再经二次跟踪，证实故障部位确系潜油泵。这时才脱气处理。进入正常例行分析，历次分析结果如表 6-1 所示。

考察期间内，检修技术员多次对主辅电路和变压器内部以及潜油泵的绝缘都进行了检查，但一直没有发现明显的问题。

在考察期间内对变压器油进行了多次常规质量检查，油的质量指标没有明显的变化，如表 6-2 所示。说明特征气体的增加不是由于变压器油本身的劣化所造成的，而是油中确实存在可燃的低分子气体。

表 6-2　某机车变压器油历次常规分析结果

分析日期	闭口闪点(℃)	击穿电压(kV)	酸值(mgKOH/g)	水分
2004.04.01	147	45	0.009	无
2004.06.01	147	45	0.009	无
2004.06.17	146	43	0.013	无
2004.06.25	148	43	0.015	无

表 6-3　某机车主变油中 ΣCH 的产气速率

计算结果	绝对产气速率(mL/d)	相对产气速率(%/月)
2004.04.01～2004.06.10	50.1	406.8
2004.06.17～2004.07.08	91.2	64.4
《导则》中提出的注意值	6.0	10

如表 6-3 所示，ΣCH 的绝对产气速率远远超过了 6 mL/d 的注意值；其相对产气速率也已经远远超过了 10%/月的注意值。若考虑开放式变压器的气体溢散损失，产气速率将会更大。到此为止已经完全可以确认存在潜油泵方面的故障了。故障性质、诊断结果如表 6-4 所示。

表 6-4　某机车主变压器内部故障诊断结果

分析时段	三比值	CO_2/CO	故障性质诊断
2004.04.01～2004.06.10	1：0：2	1.4	低能量放电，已经涉及固体绝缘
2004.06.17～2004.07.08	1：0：2	4.7	低能量放电，极可能涉及固体绝缘

如表 6-4 所示。更换潜油泵以后，跟踪结果显示特征气体含量下降，说明诊断是准确的。这时对变压器油进行脱气处理，以便今后正常跟踪。

事后，在检修技术人员的帮助下，我们特别对换下来的潜油泵专门进行了解体检查，发现该潜油泵轴承转动不灵活，有卡滞现象；三组绕组中的一组已经严重烧损发黑；很多烧焦的铜屑及炭渣掉落在泵体内。

潜油泵出现故障时的显著特点：

因潜油泵在变压器油的冷却过程中扮演了一个重要的角色。

一方面变压器油流经了潜油泵内部，因此潜油泵一旦产生过热或电弧，都会使变压器油产生分解，造成变压器油中特征气体含量增加。

另一方面，因流经的油量又比较小，因此特征气体含量的增加速度一般不会太快。

第三，潜油泵内部空间很小，一旦出现热或电的故障，很容易引起绝缘漆等固体绝缘材料的烧损，因此，潜油泵出现故障，容易导致 CO、CO_2 的升高。也就是说，潜油泵故障常常牵涉到了固体绝缘的烧损，在比值 CO/CO_2 上会有所表现。

第四，当诊断出设备确实存在故障时，为了尽快排除外围设备可能造成的影响，首先一般都更换了潜油泵。更换潜油泵以后，故障气体含量不再增加，也就证明故障部位就是在潜油泵内部。

为了提高故障诊断水平，建议大家请技术科的同志帮忙安排，到检修车间亲眼看一看潜油泵解体过程，这对故障诊断水平的提高非常有益。

二、线圈引出线软扁线烧损故障诊断与处理实例

表 6-5　SS_3 型 4280 号机车变压器油中气体含量历次分析结果

($\mu L/L$)

分析日期	H_2	CO	CO_2	CH_4	C_2H_6	C_2H_4	C_2H_2	总烃	处理措施
2002.05.09	3.9	39.5	765.2	1.7	1.1	4.6	1.40	8.8	
2003.04.15	1392	1134	10204	566	1773	3239	189	5769	脱气
2003.09.24	1097	1355	8581	796	2229	4927	210	8163	脱气
2003.12.17	45.9	216	5309	347	913	2499	19.8	3778	脱气
2004.03.23	92.7	71.8	56.1	322	722	2391	10.4	3446	脱气
2004.04.01	0.8	10.0	62.2	9.9	70.7	153.6	1.77	236	脱气
2004.05.25	162.5	81.4	1270	443.9	315.1	1232	5.37	1997	预报故障
2004.06.11	/	/	/	2.3	0	5.5	0	7.8	吊芯、脱气
2004.06.17	10.3	13.9	104.6	12.8	4.0	21.0	2.06	47.8	跟踪
2004.07.09	10.2	14.0	118.6	11.4	3.8	18.4	2.00	35.6	跟踪
注意值	150						5	150	

从表 6-5 数据可以看出，该车变压器虽然经过多次脱气处理，但油中的特征气体还在不停地产生，显示该车变压器内

部存在比较明显的潜伏性故障。但从2002年到2004年历经两年跟踪，由于当时的化验室主任不了解色谱分析的作用，加上谨小慎微，累次压着预报不往外报，只得六次脱气，但仍然解决不了问题。最后强行报出，技术科才开始检查应对，险些造成严重事故。这也再一次说明脱气不是解决特征气体含量增加的有效方法，这一措施不能消除设备内部的故障。因此，当设备油中溶解气体含量异常增加时，在气体组分达到饱和的安全时间内，应尽量少脱气，充分跟踪油中气体含量，发现各组分及其含量的变化趋势，以便尽早地对设备是否存在故障以及故障的性质和状况等做出准确的判断。

因当时的故障诊断水平还比较低，对故障部定位判断还不那么精准，范围较大，使得检修技术员曾多次对该车与主变有关的主、辅电路进行了检查，绝缘状态良好，未发现明显的故障处所。询问机车乘务员，该车在运行中无明显的异常反应，各项运行参数正常。

表6-6　SS_3型4280号机车主变压器油历次常规分析结果

分析日期	闭口闪点(℃)	击穿电压(kV)	酸值(mgKOH/g)	PH值	水分	备注
2003.03.06	144	52	0.002	6.48	无	
2003.07.11	142	53	0.003	5.76	无	
2003.12.17	134	52			无	滤油后139℃
2004.02.02	135	47			无	
2004.03.15	129	46	0.005	6.62	无	滤油后135℃
2004.04.01	142				无	
2004.05.20	137	41	0.006	6.27	无	滤油后143℃
2004.06.13	145	42	0.007		无	吊芯并滤油后
2004.06.16	146	41	0.01	6.50	无	试运行检查
2004.07.26	146	46	0.006	6.13	无	跟踪检查

从表 6-6 中可以看出。该车变压器油的闭口闪点指标多次出现下降，酸值出现小幅上升，虽经多次滤油处理后闪点基本得到恢复，但机车运行一段时间后，仍然继续下降（表 6-6）。变压器油的其他常规检测指标未出现明显的变化。说明特征气体的增加不是由于变压器油本身的劣化所造成的，而是油中确实存在可燃的低分子烃类气体。

表 6-7　ΣCH 在 2004 年 4～5 月间的产气速率

项　目	绝对产气速率（mL/h）	相对产气速率（%/月）
计算结果	5.93	540.7
注意值	0.25	10.0

表 6-8　故障诊断结果

分析时段	三比值	故障性质诊断
2003.03.06～2003.09.24	0：1：1	150 ℃以下的低温过热
2003.12.17	0：2：1	150～300 ℃中温过热
2004.03.18～2004.05.25	0：2：2	700 ℃以上的高温过热

进一步分析考察期间的绝对产生速率和相对产气速率（表 6-7），确认该机车主变压器内部肯定存在比较严重的过热性故障，而且该故障已经由 150 ℃以下的低温过热逐渐发展到了 700 ℃以上的高温过热（表 6-8）。因此，我们提出了“尽快与厂方联系、尽快吊芯检查”、“检查的重点是引线接头接触不良（如焊点松动，形成焦炭），铁芯或外壳的环流等”的建议。

吊芯后发现该车主变的 A 柱高压线圈一组引出线接头处存在严重烧痕，周围的绝缘部分已经形成焦炭，发热面积大约 20 cm^2，故障诊断结果准确无误。但因发热的接头处还没有完全断裂，因此用简单的检测手段还无法直接检测出故障。

线圈引出线软扁线烧损故障诊断与处理的另一个典型实例是 SS_{3B} 型 0089 号机车，在本章第五部分详细介绍。

引出线软扁线烧损未引起固体绝缘分解故障时的显著特点：

因引出线直接浸泡在变压器油中，而且引出线采用搭扣焊接的连接方式，如果焊接不牢固或者变压器安装不牢固，机车在运行过程中剧烈振动，很容易造成焊接不良处发热或出现电弧。但引出线悬浮于变压器油中，外面只用绝缘管包裹。因此，当引出线烧损时或者在故障发生的初期，一般不会引起固体绝缘的损害，出现此类故障时，一般表现为烃类气体含量比较高而且增加比较快，但 CO、CO_2 的含量比较低且增长缓慢。但当故障部位接近固体绝缘部分、或故障时间比较长、或故障功率比较大，故障发展非常迅速时，也有可能引起固体绝缘部分的损害，因此，在故障发展的晚期，也有可能出现 CO、CO_2 的迅速升高。

当诊断线圈引出线故障时，情况一般都是比较复杂的，要在尽量排除外围设备（如潜油泵）发生故障的前提下，才能做出比较正确的判断。

当引出线出现故障后，只有通过吊芯检查才能得到确认。特别是当发热还没有导致固体绝缘严重烧损时，检查时单纯凭肉眼是很难发现故障部位的，必须通过对每一根引出线逐一用手摸、用力拉，通过手感知引出线的焊接状况。

为了提高故障诊断水平，建议大家在检修吊芯检查时，一定要亲眼到现场看一看变压器吊芯检查的过程，并仔细观察和记录各引出线的连接状况，这对故障诊断人员非常重要，也是必须的。

三、变压器受潮引起 H_2 异常增加的故障实例

怀化机务段 SS_3 型 0475 号机车自 2006 年开始连续出现

H_2 和碳的氧化物不断升高，但烃类气体含量始终比较低的现象。故障诊断中出现了比较大的挑战。虽然两次发出故障预报，但说心里话，自己对这两份预报的准确性都有些怀疑。因为按照前面所述的诊断方法是不能完全得出变压器内部存在"逐渐发展并不断加大的高温过热性故障"的结论的。跟踪分析结果如表 6-9、表 6-10 所示。

表 6-9　SS_3 型 0475 号机车主变压器油质量跟踪分析结果

分析日期	修程	闭口闪点(℃)	击穿电压(kV)	酸值(mgKOH/g)	pH 值	介质损耗因数(90℃)
2005.11.16	X1	154	39	0.009	5.55	
2006.03.27	F4	154	44	0.014	5.66	
2007.08.13	X4	157	36	0.027	6.17	
2008.04.16	Z	153	50	0.03	5.34	0.002
2008.10.15	X1	156	37	0.014	5.83	0.004
2009.05.08	X2	157	32	0.046	6.48	0.004 2
2009.12.09	X3	155	52	0.027	6.52	0.000 61

按照前面所述的方法，首先看 H_2、C_2H_2、ΣCH 的绝对值，只有 H_2 严重超过注意值；其次，计算总烃的产气速率，在两个考察期间都没有超过 6 mL/d 的注意值。第三，变压器油质量指标基本稳定。第四，变压器上的除湿硅胶完好(一直保持蓝色)。因此，按理说是没有充分的理由判断设备内部确实存在故障的。但 H_2 的含量仍然不断上升，那么问题到底出在哪里呢?

自 2006 年 3 月以来，该机车主变压器内特征气体含量迅速上升，主要表现在 H_2 和碳的氧化物不断迅速上涨(表 6-10)，且 H_2 的增长速率接近《导则》中给出的注意值，CO 和 CO_2 的绝对产气速率都已超过了注意值(表 6-11)。然而烃类气体含量却很低且增长缓慢，甚至四年多来，自始至终都没有超过注意值。这就给故障诊断工作带来了非常大的难度：明明能意识到数据已经反映出变压器或其附件存在问题，却不能以常规的思路来诊断故障，更无法检查出故障的处所。先后三次发出故障预报，两次向株洲电力机车厂反馈故障信息，厂方都以变压器内部无故障而拒绝到现场实地检查。为了彻底查清楚这一个极少遇到的异常现象，四年多来，笔者一直视该机车为重点跟踪的对象，重点跟踪到 2010 年 3 月该机车调往南宁机务段为止。

该机车在运输生产中，变压器没有表现出其他明显的故障，油温正常，无异音异响。吸湿器内硅胶从未出现过变色现象。但多次出现压力释放阀动作（最后一次于 2009 年 7 月 19 日发生）和内部负压（最后一次发生于 2009 年 10 月 14 日）现象。

2009 年 9 月以前，每次出现负压现象，都由检修人员打开储油柜顶部一个无名的螺栓调整压力。2009 年 10 月 14 日取样时，再次出现严重负压，在未找到检修人员时，本人亲自上车检查吸湿器的呼吸状态，发现吸湿器完全不能呼吸，拧松下部帽盖时，一股强烈的气流被吸入，致使硅胶颗粒在吸湿器内飞舞，约 5 s 后才稳定下来。之后的几个月时间内，特征气体增速明显减缓。

表 6-11 中数据明确地反映了该机车主变压器内 CO 和 CO_2 的增速明显超过了湖南地区正常增长的经验注意值，而 H_2 的绝对值和产气速率不仅都超过了《导则》规定的注意值，且其增速也接近了湖南地区正常增长的经验注意值。说明变压器确实表现出了“有故障”的特征。但从 C_2H_2、ΣCH 的绝对值和产气速率来看，又都没有充足的理由诊断该变压器内部确实存在潜伏性故障。

表 6-10　SS_3 型 0475 号机车主变压器内部故障气体跟踪情况　(μL/L)

分析日期	H_2	CO	CO_2	CH_4	C_2H_6	C_2H_4	C_2H_2	ΣCH	处理方法
2005.03.08	0	16.6	571.7	1.1	0.8	1.4	0.24	3.6	正常
2006.03.27	45.4	155.6	1 729.2	9.14	3.4	5.20	0.44	18.2	异常，开始重点跟踪
2006.07.17	204.6	896.8	9 120.4	30.4	11.1	26.5	1.86	69.8	继续重点跟踪
2006.12.04	312.7	1 095.6	9 668.7	45.3	11.3	36.6	2.03	95.5	第一次预报(口头)
2007.02.07	319.8	1 055.9	11 831.1	49.6	13.5	40.9	2.86	106.8	第二次预报，继续跟踪
2008.06.19	60.96	104.42	5 321.49	8.39	6.55	18.70	0.92	34.56	滤油后第 15 天取样
2009.09.23	745.17	1 294.77	21 521.16	43.55	15.42	55.01	2.02	116.00	第三次预报，再次脱气
2009.09.24	41.46	101.98	4 304.71	5.85	6.31	196.97	0.49	29.62	脱气后，呼吸孔堵塞，打开上部无名螺栓进空气
2009.10.14	44.29	126.29	4 755.37	6.35	4.65	13.68	1.16	25.84	松开吸湿器帽盖进气
2009.12.09	52.31	183.35	5 095.05	8.55	6.12	17.78	1.07	33.52	再次松开帽盖后取样
2010.02.23	56.15	214.69	6 363.53	12.49	6.71	25.21	1.98	47.38	3 月调往南宁机务段

表 6-11　各种特征气体的绝对产气速率分析　(mL/d)

分析对象	H_2	CO	CO_2	CH_4	C_2H_6	C_2H_4	C_2H_2	ΣCH
2006.03.27 至 2006.12.04 产气速率	4.60	16.19	136.77	0.63	0.14	0.54	0.035	1.34
2008.06.19 至 2009.09.23 产气速率	6.21	10.81	147.09	0.32	0.08	0.33	0.010	0.74
湖南地区正常增长统计经验值	7.2	9.6	100	2.4	1.2	2.4	0.24	6
湖南地区严重故障统计经验值	12	24		12	2.4	24	1.2	36
《导则》推荐的注意值	5	50	100				0.1	6

进一步分析 H_2 在氢烃气体总量中所占的比重。依次按照 $100\times H_2/(H_2+\Sigma CH)$ 的计算公式，计算每次分析结果中 H_2 所占的百分比。

从表 6-10、表 6-12 来看，故障气体中，H_2 不仅本身就比较大，其产气速率也超过了其注意值，而且 H_2 在氢烃气体总量中的比重也很大，几乎都超过了 60%，而烃类气体含量并不高，一直都没有超过注意值，且增速缓慢。因此，变压器受潮是最值得怀疑的。至于 CO、CO_2 含量高，可以理解为因受潮加速了变压器油和绝缘材料的老化而导致。

表 6-12 H_2 占氢烃气体总量的百分比 （%）

分析日期	2005.03.08	2006.03.27	2006.07.17	2006.12.04	2008.06.19
百分比	71.38	74.56	76.60	74.97	63.82
分析日期	2009.09.23	2009.09.24	2009.10.14	2009.12.09	2010.02.23
百分比	86.53	58.32	63.15	60.95	61.65

虽然该机车吸湿器内的硅胶从未变色，按常理不应出现变压器受潮，但空气没有经过干燥过程就经别的途径直接进入了油箱，造成了变压器油受潮。再检查除湿器下部的帽盖，发现橡胶密封垫未去掉，而且其拧得太紧，以致空气完全不能进入除湿器。这就不难解释为什么除湿硅胶总是完好，但变压器油内特征气体含量出现“变压器受潮”的典型症状：H_2 含量非常高且增速快，但烃类气体含量并不高。

在前面我们已经讨论了开放式变压器的呼吸作用，也就是随着油温的变化，油的体积发生变化，为了保持变压器内部压力的稳定，变压器要通过吸湿器来进行呼吸。现在变压器无法通过除湿器呼吸，箱内负压逐渐累积，潮湿空气在负压的作用下，不得不通过除湿器以外的其他透气点渗入油箱，因而造成了变压器受潮。解决的办法就是正确安装吸湿器的帽盖。如此简单的问题，竟让笔者花费了四年多的时间和精力，希望大家从此吸取教训。同时也希望大家在明知有问题却老是找不到故障点时，多到现场亲自去观察和处理，这样在第一现场得到的观察结果很有可能就是你解决问题的一条捷径。

变压器受潮的典型特点：

“受潮”本不属于变压器内部潜伏性故障研究的范围，是否受潮，用微量水分分析方法就能直观地予以发现。当怀疑变压器受潮时，应对同时对变压器油进行微量水分分析，以便得到确认。

变压器油色谱分析结果显示 H_2 含量特别高而烃类气体含量并不高。H_2 占氢烃气体的比重很大，有时甚至达到70%以上。

四、因变压器安装原因引起特征气体含量异常增加的实例

笔者连续近 20 年的色谱分析经历，遇到过两件非常难以诊断，最终却令人啼笑皆非的事情。一是上面的实例三中介绍的几乎所有现场检修技术员和作业者都不会使用吸湿器的问题，另一个就是下面要介绍的变压器安装时，将变压器吊到位就不管了，没有固定安装变压器的问题。

先看看我们的多次跟踪分析结果（表 6-13、表 6-14）。

表 6-13　SS_3 型 5105 号机车变压器油质量指标跟踪结果

分析日期	闪点	酸值	pH	击穿电压	介损	水分
2008.11.13	159℃	0.031	5.34	60	0.00192	无
2009.03.31	158℃	0.031	5.68	66	0.00008	无
2009.06.01	158℃	0.031	5.72	62	0.00012	无
2009.12.07	156℃	0.041	5.65	41	0.00037	无

变压器油的击穿电压和闭口闪点连续下降，如表 6-13 所示。特征气体的增加不是由于变压器油本身的劣化所造成的，而是油中确实存在不断增加的可燃性低分子气体，如表 6-14 所示。

表 6-14　SS_3 型 5105 号机车主变故障气体分析结果及故障诊断

分析日期	H_2	CO	CO_2	CH_4	C_2H_6	C_2H_4	C_2H_2	ΣCH
2008.08.28	47.06	565.4	845.28	17.99	9.79	160.23	12.33	200.19
2009.06.01	160.15	687.92	8 286.16	189.56	23.66	436.46	246.63	896.31
2009.09.29	119.66	709.70	7 846.09	159.96	20.28	375.98	183.89	740.11
2009.12.07	128.30	861.34	9 554.70	192.94	24.27	471.23	234.54	922.98
注意值	≤150						≤5	≤150

气相色谱分析结果显示变压器内部存在很严重的故障，故障部位疑似线圈引出线烧损，如表 6-15、表 6-16 所示。最终被迫发出了“一月内极有可能出现机破”的预报。

表 6-15　SS_3 型 5105 号机车主变内部总烃产气速率分段计算结果

考察期间内的时间分段	2008.08.26 至 2009.06.01	2009.09.29 至 2009.12.07
由含量增加值计算的三比值	1∶2∶2	1∶2∶2
升弓运行时间(h)	232.5(估计)	57.5(估计)
总烃产气速率(mL/d)	10.04	10.66
注意值(mL/d)	6.0	6.0

表 6-16　SS_3 型 5105 号机车主变压器故障性质诊断

考察期间内的时间分段	2008.08.26 至 2009.06.01	2009.09.29 至 2009.12.07
由含量增加值计算的三比值	1∶2∶2	1∶2∶2
三比值法诊断结果	低能量放电兼过热	低能量放电兼过热
改良电协研法诊断结果	火花放电	火花放电
笔者的诊断意见	电弧放电兼过热	低能量放电兼过热并伴有间歇性火花放电

2009年12月7日发出“一月内极有可能出现机破”的警示性故障预报后，段技术科十分重视，9日扣车做了外部检查，测量绝缘电阻等指标均未出现异常。20日左右，段技术科再次扣车检查，这一次从最直观的外观检查入手，对变压器周围每一个电气线路的接触点和固定螺栓进行全面检查，结果发现该机车主变压器固定螺栓全松（共12个M24螺栓），其中10个用手可以摇动，2个用检点锤检查松动。逐一紧固这些螺栓后于2010年2月1日和3月25日再次取样分析。变压器油内特征气体含量不再增加，出现下降。至少说明故障发展在减缓或消除。

那么大量变压器安装螺栓松动，为什么会出现与线圈引出线故障类似的故障现象呢？笔者分析其原因可能是：线圈引出线扁线的一端固定在底座的套管上，而另一端连接在变压器芯子的线圈上。因变压器安装不牢固，在机车运行过程中晃动很大，致使器芯晃动，线圈中个别引出线的某个焊接点可能出现了接触不良的现象，从而导致了变压器内部存在“低能量放电兼过热并伴有间歇性火花放电”的故障表象。紧固安装螺栓后，器芯不再晃动，引出线得到了相对固定，故障因素自然消除。但先前的晃动可能导致了某接触点松动，因此，特征气体还是有个别的上升，但总体来说，特征气体含量已基本稳定，不再上升，故障根源已经消除。

这是一个例行分析中巧遇突发性故障，立即进行加密跟踪分析，最终预报和处理突发性故障的成功案例。非电量诊断法发现突发性故障方面往往力不从心，但例行分析中发现了故障迹象，就立即加入可疑机车动态跟踪库，并坚持加密跟踪，就有可能在突发性故障报告和处理中发挥出其他方法无可比拟的重要作用。

五、出线装置接触不良或烧损故障诊断与处理实例

下面介绍路内罕见的，一次性集中处理 3 台电力机车主变压器故障的成功案例。

本书特别介绍怀化机务段 2012 年 3 台电力机车主变压器故障集中预报、检查及处理的过程，希望通过对 3 台机车处理过程的介绍，让同志们对故障处理过程有一个比较详细、清楚的认识和了解，为大家今后处理类似问题提供方法和程序上的参考。

1. SS_{3B}型 5080 号机车 A 节主变压器导电杆与夹套之间放电烧结

(1)基本情况

编号 L79;生产日期 2006 年 5 月 2009 年 9 月 22 日中 1 修

生产单位:南车株洲电机有限公司

协助检查处理单位:南车株洲电机有限公司技师

(2)详细故障诊断

通过 1 年色谱重点跟踪和变压器油跟踪化验，2012 年 5 月 9 日预报故障性质为“低能放电兼过热”。预报故障最有可能的部位是“某引出线抽头可能出现松动，加上机车运行中因剧烈振动引起连续火花放电”(详见附录三)。

(3)现场检查情况

①直流电阻测量(表 6-17)

表 6-17　SS_{3B}型 5080 号机车 A 节直流电阻测量结果

环温　T=34 ℃			K=1.152			
序号	测量点	设计值	实测值	换算 $R75$	超出设计值的百分数	检查结果
1	AX	0.73385	0.6111	0.703987	−4.07	

续上表

环温　T=34 ℃			K=1.152			
序号	测量点	设计值	实测值	换算 $R75$	超出设计值的百分数	检查结果
2	a1x1	0.003812	0.004856	0.005594	46.75	a1 柱烧结，夹套与导电杆之间放电烧损面积达 150cm^2；x1 柱的导电杆上和夹套内灰尘较厚
3	a3c3	0.00147	0.00122	0.001405	−4.39	
4	a3b3	0.0037	0.003087	0.003556	−3.89	
5	a3x3	0.007396	0.006111	0.00704	−4.82	
6	a2x2	0.003812	0.003236	0.003728	−2.21	
7	a4b4	0.0037	0.003057	0.003522	−4.82	
8	a4x4	0.007396	0.006029	0.006945	−6.09	
9	a6b6	0.002562	0.001993	0.002296	−10.39	测试其他机车，结果类似
10	a6x6	0.004141	0.003229	0.00372	−10.17	测试其他机车，结果类似

②绝缘电阻测量(表 6-18)

表 6-18　SS_{3B}型 5080 号机车 A 节绝缘电阻测量结果

序号	测量点	$R60/R15$	技术要求	备注
1	AX 对地及其他	2000	>1000	目前绝缘良好
2	a1x1+ a3x3 对地及其他	2000	>500	
3	a2x2+ a4x4 对地及其他	2000	>500	
4	a6x6 对地及其他	2000	>500	

③2012 年 5 月 21 日外部检查结果

a. a1 柱互感器上方接线头与导电杆之间顶上涂有红色油漆，接线头下方与绝缘板之间缝隙也用红色油漆封住。夹套与导电杆之间固死，换用长撬棍等工具用力拆下接线头后，发现导电杆上和接线头内部表面大片烧痕，圆周高度约5 cm，面积大约150 cm^2，凹痕深度不小于 1 mm 如图 6-1(b)、(c)所示。导电杆与互感器之间的绝缘板上，围绕导电杆有一圈烧痕，宽度大约 12 mm。如图 6-1(d)所示。

b. x1 柱接线头用塑料线卡捆扎如图 6-1(e)所示，可能是以前有人发现松，于是想用线卡捆紧，实际上这种捆扎不起任何作用，用于夹紧夹套的 2 个螺栓松动。拆开后，看到接线头内表面和导电杆表面有很厚的一层灰尘。如图 6-1(f)所示。

经上述外部检查后，立即召开故障诊断分析会，该段点工程师亲自到场，化验室高工、技术科正、副科长，变压器维护工程师，电器工程师以及厂方技术人员等参加，会上集中讨论分析了夹套与导电杆之间烧结是否导致附录三中的跟踪分析结果？还需要做哪些检查？是否需要进一步吊芯检查等问题。会议最终决定继续吊芯检查验证。

④2012 年 5 月 25 日上午吊芯检查结果

吊芯后，检查该机车主变压器内部各导线及固体绝缘状况，除 a1 柱导电杆与绕组引出线之间的一段多层扁铜线有不很明显的发热痕迹，如图 6-1(h)所示；扁铜线与引出线焊接牢固，用于包扎焊接部位的固体绝缘无明显烧损痕迹；绕组中部分绕组发黑现象较以往看到的变压器严重一些[如图 6-1(g)所示，表面绝缘漆是否烧坏当时未看清楚]，其余无其他异常现象。重新安装后，对变压器油进行真空滤油和再生处理(因油的酸值为 0.147 mgKOH/g，不合格)。5 月 27 日转入中修，6 月 15 日上线运行。

⑤部分现场照片(图 6-1)

(4)吊芯后的处理方案

①该车中修时打磨 a1 柱导电杆和夹套烧损的部位。

②中修后对变压器油彻底脱气并再生处理(因油的酸值

偏高），再上线运行。

(a)5080A-a1柱接线头涂有红色油漆

(b)5080A-a1柱导电杆烧痕

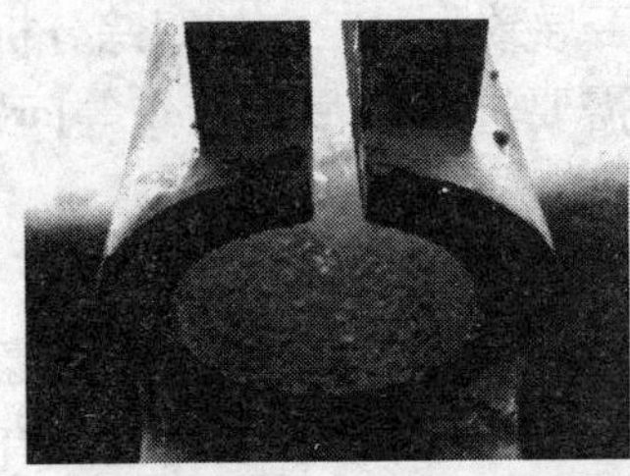

(c)5080A-a1柱接线头内烧痕

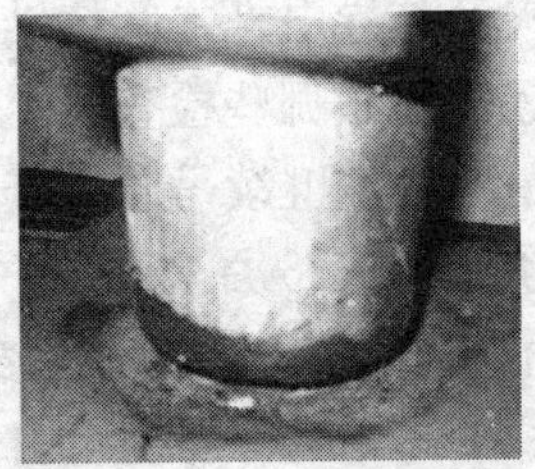

(d)5080A-a1柱接线头下方绝缘板烧痕

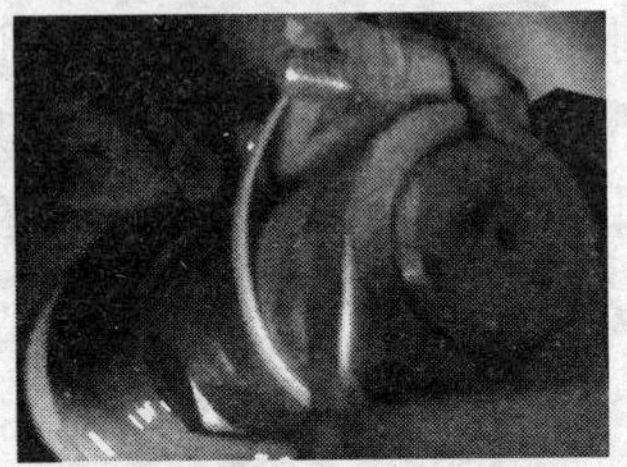

(e)5080A-x1柱接线头用线卡捆扎（可能以前有人发现松）

(f)5080A-x1柱接线头内壁灰尘厚

图 6-1

(g)5080A-部分绕组发黑现象较以往的明显

(h)5080A-x1柱引出线略有发热痕迹固体绝缘良好

图 6-1　部分现场照片

③以三个月为期，继续重点色谱跟踪，确保产气正常方转入正常检测分析范围。

2. SS_{3B}型 0089 号机车 B 节主变压器引出线软扁线部分烧断

(1)基本情况

变压器编号：变压器无铭牌　2011 年 8 月 23 日中 2 修

生产单位：南车株洲电机有限公司

协助检查处理人员：南车株洲电机有限公司技师

(2)详细故障诊断

通过色谱跟踪和变压器油跟踪化验，5 月 9 日预报故障性质为“低能放电(可能兼有细小电弧或闪络)，可能已经涉及固体绝缘热分解(需糠醛、聚合度等方法测量才能进一步判定)”。预报故障最有可能的部位是“某引出线抽头可能出现松动，机车运行中因剧烈振动引起闪络现象”(详见附录四)。

(3)现场检查情况

①2012 年 5 月 21 日外部检查：a3、c3 接线头松，如图 6-2(a)所示；a6 接线头用手摇动，有明显晃动量，瓷瓶上方压紧螺栓用手可以拧动，下部密封圈处有变压器油渗出的痕迹，如图 6-2(b)所示；x6 柱外部接线头大约 15 cm 长都过发热的发

黑现象，如图 6-3(c)所示。

②直流电阻(表 6-19)

表 6-19　SS_{3B}型 0089 号机车 B 节直流电阻测量结果

环温 T=31℃			K=1.165		
序号	测量点	设计值	实测值	换算 R75	备注
1	AX	0.733 85	0.603 7	0.703 3	
2	a1x1	0.003 812	0.003 190	0.003 716	
3	a3c3	0.001 470	0.001 532	0.001 785	超+21.4%
4	a3b3	0.003 70	0.003 404	0.003 966	超+7.2%
5	a3x3	0.007 396	0.006 394	0.007 449	
6	a2x2	0.003 812	0.003 191	0.003 718	
7	a4b4	0.003 70	0.003 027	0.003 526	
8	a4x4	0.007 396	0.006 029	0.007 023	超-5.04%
9	a6b6	0.002 562	0.001 995	0.002 324	超-9.28%
10	a6x6	0.004 141	0.003 166	0.003 688	超-10.93%

③绝缘电阻测量结果(表 6-20)

表 6-20　SS_{3B}型 0089 号机车 B 节绝缘电阻测量结果

序号	测量点	$R60/R15$	技术要求	备注
1	AX 对地及其他	2 000	>1 000	绝缘状况良好
2	a1x1+ a3x3 对地及其他	2 000	>500	
3	a2x2+ a4x4 对地及其他	2 000	>500	
4	a6x6 对地及其他	2 000	>500	

④2012 年 6 月 1 日上午吊芯检查结果：吊芯后，发现变压器内部 x6 柱引出扁线烧断 1 股，如图 6-2(d)、(e)所示；a6、b6 柱引出扁线也有不是很明显的发热痕迹，如图 6-2(f)所示(厂方技术人员说是制造时留下的，但实际看起来，表面绝缘漆已经没有了，其他部位都还有明显的漆层，笔者认为应该是

发热造成的)。

⑤部分现场照片(图 6-2)

如图 6-2(g)、(h)、(i)所示,3 张照片记录了焊接修复引出线的过程,依次为拆开原来的软扁线、焊接新的软扁线,打磨清洁复原三个过程。

(a)89B-a3、c3柱夹套松

(b)89B-a6柱密封圈处有渗油痕迹

(c)89B-x6柱外部接线头15 cm长的发黑痕迹

(d)89B-x6柱烧断扁线1股

(e)89B–x6柱烧断扁线原始状态

(f)89B-b6柱引出线也有发热痕迹(表层绝缘漆脱落)

图 6-2

(g)拆下原来的引出扁线

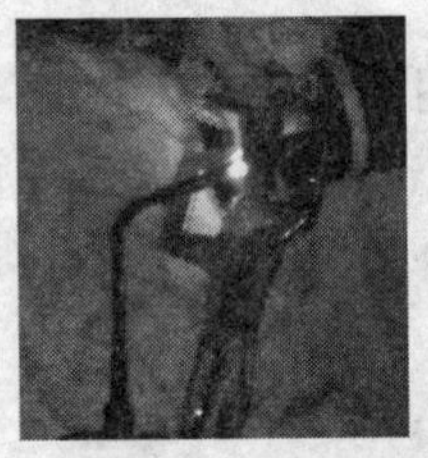

(h)焊接新的引出扁线

(i)处理后的状态

图 6-2　部分现场照片

(4)处理方案

①逐一紧固各接线柱夹套,测量各柱绝缘电阻基本正常。

②重新焊接 x6 柱引出线(厂方负责处理)。

③对 a3 柱夹套解体检查,清除导电不良物后紧固安装。

④变压器重新安装好以后,再对变压器油彻底脱气或再生处理,确保各项技术指标达到要求。

⑤以 3 个月为期,对该变压器进行加密跟踪色谱分析,确保产气正常后才转入正常跟踪范围。

3. SS_3 型 0049 号机车主变压器引线夹件螺栓松

主变大修厂:株洲市科达电机技术有限公司 制造编号:KD10-09-01

协助检查处理人员:株洲市科达电机技术有限公司技师

(1)详细故障诊断

通过色谱跟踪和变压器油跟踪化验,5 月 9 日预报故障性质为“低能放电兼过热”。预报故障最有可能的部位是“某引出线抽头可能出现松动,加上机车运行中因剧烈振动引起连续火花放电”(详见附录五)。

(2)现场检查情况

①直流电阻测量(表 6-21)

表 6-21　SS_3 型 0049 号机车直流电阻测量结果

环温 T=30℃			K=1.170		
序号	测量点	设计值	实测值	换算 R75	备注
1	AX	0.73385	0.6281	0.7349	
2	a1x1	0.003812	0.003377	0.003951	
3	a3c3	0.001470	0.001256	0.001470	
4	a3b3	0.00370	0.003168	0.003707	
5	a3x3	0.007396	0.006239	0.00730	
6	a2x2	0.003812	0.02845	0.03329	超+873%
7	a4b4	0.00370	0.003173	0.003712	
8	a4x4	0.007396	0.006260	0.007324	
9	a6b6	0.002562	0.002164	0.002532	
10	a6x6	0.004141	0.003525	0.004124	

②绝缘电阻测量(表 6-22)

表 6-22　SS_3 型 0049 号机车绝缘电阻测量结果

序号	测量点	$R60/R15$	技术要求	备注
1	AX 对地及其他	2000	>1000	绝缘状况良好
2	a1x1+ a3x3 对地及其他	2000	>500	
3	a2x2+ a4x4 对地及其他	2000	>500	
4	a6x6 对地及其他	2000	>500	

③2012 年 5 月 21 日外部检查及处理结果：

经查 a2 柱接线头夹套松，x2 柱接线头夹套严重松，用手都可拧动。处理后实测直流电阻 0.003285，换算 0.003961。

④故障部位照片(图 6-3)

(3)处理方案

①逐一紧固各接线柱夹套，测量各柱绝缘电阻正常后，于

SS_3型0049号机车主变a2、x2柱夹套夹紧螺丝松，x2柱严重松，用手可拧动

图 6-3　现场照片

27 日上线运行。

②以 3 个月为期，加密色谱跟踪分析，如气体含量不断下降或稳定，则认为故障处理完毕，进入正常分析检测。如气体含量继续增加，则吊芯检查变压器内部。

4. 故障诊断结果与实际检查结果对比小结

从检查结果来看，对于这 3 台机车的故障性质预报是准确的，故障部位的检查结果也与诊断结果相符，只有对于固体绝缘的损坏方面可能有一些疑义。这是因为大家对“固体绝缘”的概念和范围的理解还有些偏差，实际上，我们所称的固体绝缘，包括变压器内的木材、绝缘布、绝缘漆、绝缘纸等材料。5080A 吊芯未发现引出线发热部位包扎布的明显烧损，但 a1 柱引出线部分发热后，表层的绝缘漆已经没有了，而且该变压器部分绕组出线明显的发黑，这与其他变压器显著不同，可能与这几个绕组长期超负荷运行有关(具体原因我不明白)。对于 89B,a6、b6、x6 柱下方的引出线及绕组抽头表面都已经没有绝缘漆了。这就说明固体绝缘确实发生了分解。诊断结果是准确的。

六、故障处理后的后续跟踪监控措施

故障处理后的其他措施:应对变压器油进行彻底的脱气处理,必要时应进行滤油或再生处理,确保变压器油达到技术要求。

跟踪监控途径:主要还是要依靠气相色谱跟踪分析结果进行判定。

跟踪监控时间:一般至少需要 3 个月。因为变压器油进行脱气等措施处理后,油中的气体被脱除了,但吸附在器芯上的气体还有很多,它们会逐渐释放到油中。如果短时间内连续取样跟踪,会产生变压器继续产气的假象。因此脱气处理后,只要变压器油的质量达到要求,就可以允许先上线运行。气体释放一般一到两个星期达到稳定状态,这时候开始第一次取样才能较准确地反映油中气体含量的初始值,作为以后监控跟踪的依据。3 个月内加密取样不少于 3 次,根据加密取样分析结果判定变压器故障是否彻底消除。

跟踪监控时需要其他部门配合的内容:①加密跟踪运行中的机车,首先要在库内找到该机车。但因机车使用频率高,色谱分析人员很难在上班时间内找到。这时就需要技术科、运用科等部门及时将车扣在库内。②建议各段信息科将库内机车查询系统安装到化验室已经联网的计算机上,化验室色谱分析人员更能随时查询监控机车是否入库和在库内的位置,方便取样。③化验室色谱分析人员应具备高度的责任心和耐力,预设监控取样时间快到时,用心查找该监控机车是否在库内,一旦发现,立即取样。

讨论题

1. 潜油泵出现故障时有哪些显著特点?

2. 引出线烧损故障时有哪些显著特点?

3. 为什么变压器外部的出线装置夹件松动故障也会引起油中特征其他含量严重异常?

4. 变压器受潮会哪些引起气体异常增加?

5. 为什么变压器安装不牢固也会表现出油中特征气体含量异常增加的现象?

附录一：

电力机车色谱(微水)分析油样取样方法

(根据 GB/T 7252—2001 变压器油中溶解气体分析和判断导则制订，供参考)

1. 适应范围：本方法规定了电力机车气相色谱分析和微量的水分分析油样的取样、储存及运输方法。

2. 取样时机：确认电力机车不动车，且受电弓降下以后进行。

3. 取样处所：一般应在设备下部专门的取样阀门取样。

4. 容器及备件：

(1)应使用色谱专用取样工具实施全密封取样，保证取样过程中，油样不与空气接触。

(2)容器应采用密封性能良好、干净的 100 mL 全玻璃注射器，注射器芯子能自由滑动，无卡涩，以使内外压力始终自动保持平衡。

(3)取好的油样应放置在避光、防振，有注射器定位卡的专用取样箱中保存和运输。

5. 取样方法：

(1)检查注射器、专用取样阀、软管、小三通以及扳手、绸布、标签等是否准备齐全，是否符合技术要求。

(2)用扳手将设备取样阀门的外盖卸下，先用卫生纸(或棉布)后用绸布仔细擦净阀门周围(严禁使用容易掉毛的棉纱等，否则容易导致三通堵塞或注射器卡涩)；再用扳手将密封螺栓旋松，仔细调节好出油流量。开盖时应防止变压器因负压而进入空气。

(3)小心地将套好了软管、小三通的专用取样阀门套在设备取样阀上，适当旋紧，当排气阀朝下时，打开排气阀 10～15 s，排除阀门中的"死油"和可能的固体杂质，再将阀门旋至排气阀朝上，再次打开排气阀 10～15 s，以排除阀门中的空气；关闭排气阀。

(4)如附图 1-1 所示：①打开三通阀，流出一部分油后，套上注射器；②当适量油(20～30 mL)进入注射器；③转动三通阀并推压注射器芯子，排除注射器内的油和气泡；如此再清洗注射器 1～2 次；④转动三通阀，使油样在静压力下自动进入注射器(禁止用力抽动注射器芯子，必要时，可将注射器芯子朝下方倾斜 45°)；⑤当取到足够的油样时(只做色谱，有 50 mL 就够，再做微水，80 mL 足够，尽量少取)，关闭三通阀；取下注射器，用先装满本体油并捏紧挤去了空气的小胶头封闭注射器。

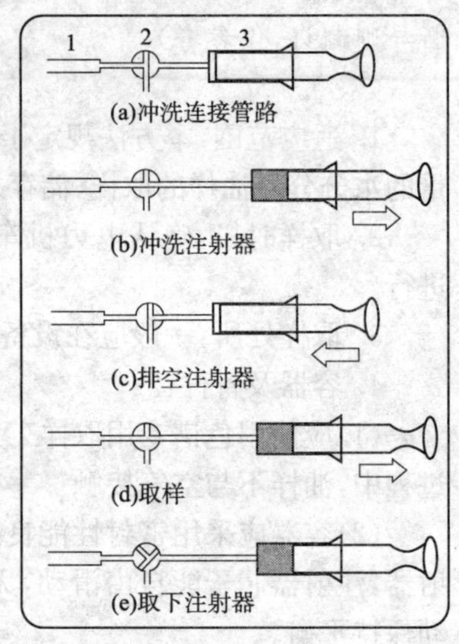

附图 1-1　取样过程示意图

1—连接软管；2—专用小三通；3—注射器

(5)将注射器放回取样箱，填写并贴上标签；检查注射器芯子能否自由滑动。

(6)卸下取样器、三通等。用棉布或绸布擦干净后放回取样箱。

(7)旋紧设备取样阀密封螺栓，再旋紧外盖。

6. 取样量：

(1)色谱分析油样一般需 50～60 mL，以够用为限，尽量少取;如果同时需要分析油中微量水分,则应为 60～80 mL。

(2)对于少油设备(如套管、车顶上的互感器等),取样量应不少于 50 mL。

7. 注意事项:

取样操作直接关系到色谱分析结果的准确性,因此整个操作过程必须十分小心,保持密封和清洁。

(1)新购入的注射器应进行密封性能检查;取样用的注射器的芯子应能自由滑动,以便自动补偿油体积随温度和压力的变化,使内外保持平衡。

(2)对于一般的电力变压器和电抗器,可在运行中取样;但对于电力机车,一定要注意人身安全。取样前,应在机车规定的部位先插好标志红旗方可进行取样操作。

(3)对于可能或已经产生负压的密闭设备,应防止负压进气,影响设备的性能。已经出现负压的设备,应采取措施消除负压后再开始取样操作。

(4)取样前,应待"死油"和气泡排净后进行;取样时,油流要保持平缓。

(5)取样时,应该使油样在静压力下自动流入注射器,切勿推或拉注射器芯子,以免进入空气或对油样脱气,影响分析结果。

(6)用小胶头密封注射器时,应先用本体油充满,再捏紧小胶头并挤去其中的空气,以免空气进入油样。

(7)取好的油样应放入取样箱中,以保证无气泡、无受压、无强烈振动、无日光直接照射。

特别注意:将专用取样阀套接到设备取样阀门上时,只要旋转到不漏油就可以了,切勿用力过猛,以免损坏螺扣。

8. 样品的保存和运输:

取好的油样应放置在专用的取样箱内保存;尽快进行分析,保存期一般不得超过 4 天。

附录二：

SS_3 型 5105 号机车主变内部存在故障的预报

段领导及段技术科：

从 2009 年 6 月份开始，化验室通过色谱跟踪分析，发现 SS_3 型 5105 号机车主变压器内部特征气体含量出现明显异常，于是立即被确定为重点跟踪分析的机车。经 9 月 29 日和 12 月 7 日两次加密跟踪分析，现可以确认该机车主变内部或外围设备确实存在严重故障。且故障的性质与 2008 年 9 月 17 日机破的 SS_3 型 5078 号机车极其相似。估计在一月以内的时间内出现机破故障的可能性非常大，必须引起高度重视。

现将该机车主变压器故障分析判断如下：

一、变压器油质量和主变内特征气体含量的历次分析结果（附表 2-1、附表 2-2）

附表 2-1　SS_3 型 5105 号机车变压器油质量指标跟踪情况

分析日期	闪点	酸值	PH	击穿电压	介损	水分	备注
2008.11.13	159℃	0.031	5.34	60	0.00192	无	变压器油的闪点下降，耐压水平也略有下降外
2009.03.31	158℃	0.031	5.68	66	0.00008	无	
2009.06.01	158℃	0.031	5.72	62	0.00012	无	
2009.12.07	156℃	0.041	5.65	41	0.00037	无	

附表 2-2　5105 号机车主变内部故障气体上升情况　（μL/L）

分析日期	H_2	CO	CO_2	CH_4	C_2H_6	C_2H_4	C_2H_2	ΣCH	三比值	故障性质分析
2008.08.28	47.06	565.4	845.28	17.99	9.79	160.23	12.33	200.19		低能量放电兼过热并伴有火花放电
2009.06.01	160.15	687.92	8286.16	189.56	23.66	436.46	246.63	896.31	122	
2009.09.29	119.66	709.70	7846.09	159.96	20.28	375.98	183.89	740.11	122	
2009.12.07	128.30	861.34	9554.70	192.94	24.27	471.23	234.54	922.98	122	
2010.02.01	87.93	751.04	9071.25	176.71	24.60	455.87	187.74	844.90		

续上表

分析日期	H_2	CO	CO_2	CH_4	C_2H_6	C_2H_4	C_2H_2	ΣCH	三比值	故障性质分析
注意值	≤150	≤400＊	≤4 500＊	≤150			≤5	≤150		

注：1. 由《导则》(DLL/T—2000)判断的故障性质为“低能量放电兼过热”；而由改良电协研法判断的故障性质则为“电弧放电”。本人倾向是“低能量放电兼过热，同时极有可能伴有间歇性火花放电”。

2. 表中带“＊”的数据为本人自定判断参考注意值，导则中没有规定。

二、主变内部可能存在潜伏性故障的分析判断理由

从 2009 年 6 月份开始，SS_3 型 5105 号机车主变压器内部特征气体含量出现明显异常，于是立即被确定为重点跟踪分析的机车。经 9 月 29 日和 12 月 7 日两次跟踪分析，现可以确认该机车主变内部确实存在潜伏性故障。且潜伏性故障的性质与 2008 年 9 月 17 日机破的 SS_3 型 5078 号机车极其相似。必须引起高度重视。

1. 由附表 2-1 数据看，在考察期间，变压器油的闪点和耐压均出现下降，但酸值、介损等质量指标没有发生明显的变化，说明油中特征气体的产生不是油本身的劣化导致的。

附表 2-3　部分气体的产气速率

计算时段	2008.08.26～2009.06.01	2009.09.29～2009.12.07
由含量增加值计算的三比值	1∶2∶2	1∶2∶2
升弓运行时间(h)	232.5(估计)	57.5(估计)
总烃产气速率(mL/d)	10.04	10.66
注意值(mL/d)	6	6

附表 2-4　故障性质诊断

计算时段	2008.08.26～2009.06.01	2009.09.29～2009.12.07
由含量增加值计算的三比值	1∶2∶2	1∶2∶2
三比值法诊断结果	低能量放电兼过热	
改良电协研法诊断结果	火花放电	
本人的诊断结果	电弧放电兼过热并伴有火花放电	

2. 从附表 2-2 数据可以看出，该机车从 2008 年 8 月至今，ΣCH、C_2H_2 等特征气体含量的绝对值都已经严重超过注意值指标，且有不停增加的趋势；从附表 2-3 数据可以看出，在未考虑气体逸散损失的前提下，以机车每天升弓运行 20 h 的最大利用率来进行计算，其 ΣCH 的产气速率也远远超过了 6mL/d 的注意值。综合附表 2-2、附表 2-3 的分析结果，该机车主变内部肯定存在潜伏性故障。

3. 按照三比值法(IEC 法)计算各比值，由编码规则判断的故障性质列于附表 2-4。本人对于此车故障诊断的倾向是"变压器内部存在低能量放电兼过热，同时极有可能伴有间歇性火花放电"的故障。故障的性质和严重程度与我段 2008 年 9 月 17 日发生的 SS_3 型 5078 号机车极为相似，比照 SS_3 型 5078 号机车发现问题后发生机破的时间，本机车在一个月的时间内发生类似机破事故的可能性非常大。因此，该机车主变故障必须尽快采取措施予以处理，外部和附属设备检查如查不出问题，则必须尽快吊芯检查变压器内部。

三、处理建议

1. 建议尽快向厂方报告这一情况，争取厂方专业技术和专业检测手段支持，尽快吊芯检查！吊芯检查的重点部位是各引出线(特别是原边各引出线)是否松动，是否出现烧痕等。

2. 如果必须监控运行，则应告知乘务员，在运行中特别关注变压器油温是否超温，防爆阀是否动作，同步变压器是否出现明显发热、鼓泡等现象，如果出现这些现象之一，应立即停止运行，以免事故扩大。

报告起草人：×××
联系电话：×××
2009 年 12 月 7 日

附录三:

SS_{3B}型 5080 号机车 A 节主变压器存在引出线松动故障的详细报告

附表 3-1　SS_{3B}型 5080 号机车 A 节历年色谱分析原始数据　($\mu L/L$)

日期	H_2	CO	CO_2	CH_4	C_2H_4	C_2H_6	C_2H_2	C_1+C_2	处 理 措 施
2011.04.15	83.71	414.06	1 809.96	98.39	617.42	32.05	245.22	993.08	脱气处理,之后加密跟踪
2011.11.21	45.06	189.49	2 659.59	37.49	420.65	22.71	73.87	554.72	
2012.05.09	53.37	351.24	4 445.58	104.49	896.35	44.18	245.28	1 290.3	出示故障预报,函告厂方
注意值	150	400 *	4 500 *				5	150	

注:带“ * ”的数据系本人根据机车使用年限,经常参考的数据,《导则》中没有。

附表 3-2　SS_{3B}型 5080 号机车 A 节变压器油常规化验历年原始数据　($\mu L/L$)

日期	闭口闪点	酸值	水溶性酸	机械杂质	游离碳	微水	击穿电压	介损	外观	结论	备注
2011.04.15	166	0.015	4.8	无	无	6.6	54	0.000 75	浅黄色	合格	
2011.04.15	/	/	/	无	无	/	65	/	浅黄色	合格	脱气后
2011.06.28	165	0.008	5	无	无	22.7	56	0.000 29	浅黄色	合格	
2012.02.10	162	0.016	4.7	无	无	/	55	0.000 73	浅黄色	合格	
2012.05.09	162	/	/	/	/	/	/	/	浅黄色	合格	F42

注:变压器油闪点连续下降,可能是油中可燃性气体含量逐渐增加所致。

附表 3-3　组分的绝对产气速率计算

（μL/d）

日期	H_2	CO	CO_2	C_2H_2	C_1+C_2	运行天数	换算天数	CO_2/CO
2011.04.15 至 2011.11.21	0.94	3.97	55.67	1.55	11.61	220	183.33	14.04
2011.11.21 至 2012.05.09	0.23	4.41	48.66	4.67	20.04	169	140.83	11.04
注意值	5	50	100	0.1	6			

注：计算时，假设 2011 年 4 月 15 日脱气后，各气体含量均为 0，且没有考虑气体的逸散损失。

组分的相对产气速率计算

（%/月）

日期	H_2	CO	CO_2	C_2H_2	C_1+C_2	运行月份数	换算月份数
2011.11.21 至 2012.05.09	0.04	0.18	0.14	0.49	0.28	5.63	4.69

注：计算时没有考虑气体的逸散损失。

计算三比值

日期	H_2	CO	CO_2	CH_4	C_2H_4	C_2H_6	C_2H_2	C_1+C_2	C_2H_2/C_2H_4	CH_4/H_2	C_2H_4/C_2H_6
2011.04.15	83.71	414.06	1 809.96	98.39	617.42	32.05	245.22	993.08	0.397 169	1.175 367	19.264 27
2011.11.21	45.06	189.49	2 659.59	37.49	420.65	22.71	73.87	554.72	0.175 609	0.832 002	18.522 68
2012.05.09	53.37	351.24	4 445.58	104.49	896.35	44.18	245.28	1 290.3	0.273 643	1.957 841	20.288 59
2011.11.21 至 2012.05.09 差值	8.31	161.75	1 785.99	67	475.7	21.47	171.41	735.58	0.360 332	8.062 575	22.156 5

续上表

日期	H_2	CO	CO_2	CH_4	C_2H_4	C_2H_6	C_2H_2	C_1+C_2	C_2H_2/C_2H_4	CH_4/H_2	C_2H_4/C_2H_6
由 GB 7252—2001 查出三比值					2011. 04. 15				1	2	2
					2011. 11. 21				1	1	2
					2012. 05. 09				1	2	2
					2011. 11. 21 至 2012. 05. 09 的差值				1	2	2

故障诊断结果及处置方案建议

故障性质	低能放电兼过热。(类似 2004 年 6 月我段 SS_3 型 4280 号机车的故障，该机车经我段吊芯检查，系 A 柱引出线故障，重新焊接后排除)
最有可能的故障部位	某引出线抽头可能出现松动，加上机车运行中因剧烈震动引起连续火花放电。至于具体是哪一根引出线，需直流电阻逐一测量或吊芯后仔细检查才能查找到
故障严重程度	从历史分析数据综合分析，该主变压器内部故障在调拨到我段时就已经存在，今年发展速度有较明显的加快趋势，故障引出线周围的固体绝缘疑有小面积高温发热迹象。而固体绝缘一旦烧损则是不可逆的，发展速度将以几何级数升高。如遇雷击、剧烈震动等情况时，必将引起变压器喷油、放炮、烧损甚至火灾事故，因此应引起检修技术人员等高度重视
近期处置方案建议	1. 化验室继续加密跟踪故障发展状况，及时向技术科反馈跟踪数据。 2. 技术科应指定专人负责跟踪该机车故障，并制定相应对策。 3. 对该机车主变压器直接相关的各引出线、潜油泵等做一次全面的检查，通过检测绝缘电阻、直流电阻等指标，看能否查出出现故障的引出线。 4. 如果不能查出来，则须在 1～2 月内尽快安排吊芯检查

续上表

其他说明	本机车故障性质及故障部位比较明确，如外部查不出故障处所，吊芯后，检查出具体部位并彻底消除该故障的可能性较大

本预报起草人：×××

色谱分析及故障诊断人员：×××

联系电话：×××

2012 年 5 月 9 日

附录四：

SS_{3B}型 0089 号机车 B 节机车主变压器内部可能存在较严重故障的故障预报

附表 4-1 SS_{3B}型 0089 号机车 B 节历年色谱分析原始数据

(μL/L)

日期	H_2	CO	CO_2	CH_4	C_2H_4	C_2H_6	C_2H_2	C_1+C_2	
2007.02.06	1.2	27.8	4072.7	3.1	4	16.8	0.72	24.6	
2008.09.26	223.25	768.48	8133.75	71.74	25.41	132.96	26.82	256.93	
2008.11.26	270.42	818.82	8175.58	88.85	23.63	148	31.4	291.94	出示故障预报，更换潜油泵
2009.11.03	134.98	675.65	7487.07	67.24	14.01	147.01	13.78	247.41	
2010.06.17	43.37	318.21	8676.08	50.35	23.07	198.66	20.38	293.56	
2011.04.02	93.1	520.86	7441.63	48.2	15.94	179.22	15.84	259.2	
2012.05.04	301.88	1019.38	13000.94	91.95	24.92	316.73	27.93	461.53	第二次出示故障预报
注意值	150	400 *	4500 *				5	150	

注：带"＊"的数据系本人根据机车使用年限，经常参考的数据，《导则》中没有。

附表 4-2　组分产气速率计算

(μL/d)

日期	H_2	CO	CO_2	CH_4	C_2H_4	C_2H_6	C_2H_2	C_1+C_2	运行天数	换算天数	CO_2/CO
2007. 02. 06											146. 50
2008. 09. 26	1. 77	5. 89	32. 30				0. 21	1. 85	579	482. 5	10. 58
2008. 11. 26	3. 56	3. 80	3. 16				0. 35	2. 64	61	50. 83	9. 98
2009. 11. 03											11. 08
2010. 06. 17	(1. 86)	(7. 25)	24. 12				0. 13	0. 94	227	189. 17	27. 27
2011. 04. 02	0. 79	3. 21	(19. 53)				(0. 07)	(0. 54)	291	242. 5	14. 29
2012. 05. 04	2. 63	6. 29	70. 13				0. 15	2. 55	365	304. 17	12. 75
注意值	5	50	100				0. 1	6			

注:1. 红色字体并加圆括号的表示为负数,即该考察期间内该气体出现了下降。

2. 各种特征气体产气速率均呈现增长的总趋势,但无线性增长规律。

附表 4-3　用 2012. 05. 04 至 2011. 04. 02 之间的差值计算三比值

	H_2	CO	CO_2	CH_4	C_2H_4	C_2H_6	C_2H_2	C_1+C_2	C_2H_2/C_2H_4	CH_4/H_2	C_2H_4/C_2H_6
差值	208. 78	498. 52	5 559. 31	43. 75	8. 98	137. 51	12. 09	202. 33	1. 346 325	0. 209 551	0. 065 304
由 GB 7252—2001 查出三比值									1	0	0

附表 4-4 故障诊断结果及处置方案建议

故障性质	低能放电(可能兼有细小电弧或闪络),可能已经涉及到固体绝缘热分解(需糠醛、聚合度等方法测量才能进一步判定)
故障严重程度	类似广州机务段 SS_9 型 0198 号机车机破时的情况,且因烃类气体增长较 SS_9 型 0198 号机车剧烈,故障严重程度更甚
最有可能故障部位	如排除潜油泵故障,则应该是“某引出线抽头可能出现松动,机车运行中因剧烈震动引起闪络现象”
检查方案建议	1. 将本故障预报向厂方反馈,请厂方专家会诊;并给出进一步检查的明确方案。
	2. 在聚合度、糠醛含量等检测条件不具备的条件下,建议机务段自己先做好以下工作:①认真检查变压器外部的设备,如检查吸湿硅胶历年来的状况;查阅油温是否出现偏高、防爆阀是否动作过;测量直流电阻与设计值的偏离度;测量各引出线之间和引出线对地之间的绝缘状况;检查潜油泵是否有卡滞等现象等。必要时吊潜油泵并解体潜油泵,看潜油泵内部是否有烧损的痕迹。以便在对变压器吊芯检查前,彻底排除变压器外部可能存在的问题,缩小变压器内部故障检查时的范围;②在最近的修程如仍未处理,则对变压器油进行一次彻底脱气处理;③监控并记录机车运行中变压器油温,一旦出现油温报警或油温超过 60℃,立即停运,不得重新升弓运行;④监控并记录气体释放阀(防爆阀)的状况,一旦出现气体释放阀动作,立即停运,不得重新升弓运行。⑤监控运行的过程可能比较长(但经计算最多能维持安全运行三个月至半年),一旦决定监控运行,有必要制订一定的技术措施,以保证监控到位。确保不发生烧损或爆炸事故。 3. 尽快组织由技术科牵头,总工主持、化验室、检修、整备、质检科、运用技术人员以及厂方专家参加的故障会诊,必要时,吊芯检查变压器内部各引出线焊接状况,防止发生机破、甚至火灾事故

本预报起草人:×××

色谱分析及故障诊断人员:×××(姓名)

联系电话:×××

2012 年 5 月 9 日

附录五：

SS_3 型 0049 号机车主变压器存在引出线松动（或松动后小面积烧结）故障的详细报告

附表 5-1　SS_3 型 0049 号机车历年色谱分析原始数据

（μL/L）

日期	H_2	CO	CO_2	CH_4	C_2H_4	C_2H_6	C_2H_2	C_1+C_2
2010.12.14	0	13.45	968.08	2.03	7.89	0.79	1.78	12.49
2011.03.31	3.88	15.44	817.22	1.43	6.22	0.61	1.18	9.44
2012.02.27	77.12	397.93	5 798.54	210.08	477.51	25.46	455.13	1 168.18
2012.04.09	11.44	111.87	4 609.98	54.87	413.71	25.56	370.16	864.3
2012.05.17	5.33	57.1	2 109.95	13.43	154.73	10.23	181.69	360.08
注意值	150	400 *	4 500 *				5	150

注：带“ * ”的数据系本人根据机车使用年限，经常参考的数据，《导则》中没有。

附表 5-2　SS_3 型 0049 号机车变压器油常规化验历年原始数据

（μL/L）

日期	闭口闪点	酸值	水溶性酸	机械杂质	游离碳	微水	击穿电压	介损	外观	结论	备注
2011.07.13	158	0.043	4.4	无	无	7.7	65	0.006 26	浅黄色	合格	
2012.05.17	159	0.039	5	无	无	16.2	37	0.000 79	浅黄色	合格	

附表 5-3　组分的绝对产气速率计算

（μL/d）

日期	H_2	CO	CO_2	CH_4	C_2H_4	C_2H_2	C_1+C_2	运行天数	换算天数	CO_2/CO
2011. 03. 31 至 2012. 02. 27	1. 01	5. 29	68. 88	2. 89	6. 52	6. 28	16. 02	333	277. 50	52. 93
注意值	5	50	100			0. 1	6			

注：考虑气体的逸散损失。

附表 5-4　组分的相对产气速率计算

（%/月）

日期	H_2	CO	CO_2	C_2H_2	C_1+C_2	运行月份数	换算月份数
2011. 03. 31 至 2012. 02. 27	2. 06	2. 70	0. 66	41. 97	13. 39	11	9. 17

注：不考虑气体的逸散损失。

附表 5-5　计算三比值

日期	H_2	CO	CO_2	CH_4	C_2H_4	C_2H_6	C_2H_2	C_1+C_2	C_2H_2/C_2H_4	CH_4/H_2	C_2H_4/C_2H_6
2011. 03. 31	3. 88	15. 44	817. 22	1. 43	6. 22	0. 61	1. 18	9. 44	0. 189 710 6	0. 368 556 7	10. 196 721 3
2012. 02. 27	77. 12	397. 93	5 798. 54	210. 08	477. 51	25. 46	455. 13	1 168. 18	0. 953 131 9	2. 724 066 4	18. 755 302 4
2012. 04. 09	11. 44	111. 87	4 609. 98	54. 87	413. 71	25. 56	370. 16	864. 3	0. 894 733	4. 796 328 7	16. 185 837 2
2012. 05. 17	5. 33	57. 1	2 109. 95	13. 43	154. 73	10. 23	181. 69	360. 08	1. 174 239	2. 519 699 8	15. 125 122 2
由 GB 7252—2001 查出三比值					2011. 03. 31				1	1	2
					2012. 02. 27				1	2	2
					2012. 04. 09				1	2	2
					2012. 05. 17				1	2	2

附表 5-6　故障诊断结果及处置方案建议

故障性质	低能放电兼过热
最有可能的故障部位	某引出线抽头或连接夹件可能出现松动，加上机车运行中因剧烈震动引起连续火花放电。至于具体是哪一根引出线，需吊芯后仔细检查才能查找到
故障严重程度	从历史分析数据综合分析，该机车调拨到怀化机务段时三个多月就开始表现出故障特征，到今年 2 月左右表现非常突出，之后发展速度虽有减缓的趋势，但仍在继续发展，并有可能再次快速发展
近期处置方案建议	1. 化验室继续加密跟踪故障发展状况，及时向技术科反馈跟踪数据。 2. 趁厂方技术人员在现场之机，立即进行直流电阻和绝缘测量
其他说明	

本预报起草人：×××

色谱分析及故障诊断人员：×××(姓名)

联系电话：×××

2012 年 5 月 21 日

参 考 文 献

[1]中华人民共和国国家经济贸易委员会．GB/T 7252—2001．变压器油中溶解气体分析和判断导则．中国标准出版社,2001.

[2]中华人民共和国国家发展和改革委员会．DL-T 984—2005．油浸式变压器绝缘老化判断导则．中国电力出版社,2005.

[3]中华人民共和国国家质量监督检验检疫总局,中华人民共和国标准化管理委员会．GB/T 7595—2008．运行中变压器油质量．中国标准出版社,2009.

[4]周吉湘,李恪宜．化验分析工培训教材．深圳:海天出版社,2008.

[5]刘新良．微量水分分析在电力机车主变压器维护中的应用．机车电传动,1992,2:30-32.

[6]刘新良．主变压器油气相色谱分析方法中自备填充柱的研制．机车电传动,2001,4:52-55.

[7]刘新良．增强变压器油中特征气体含量气相色谱分析结果一致性的有效途径．广铁科技,2002,4:43-46.

[8]刘新良,欧明怀．韶山$_3$型电力机车主变压器内部A柱引出线接头烧损的故障判断．机车电传动,2005,3:68-71

[9]刘新良．SS_3型电力机车主变压器油中特征气体含量异常增加的故障分析[J]．变压器,2006,43(2):42-43.

[10]彭自贵,刘新良．利用气相色谱分析手段判断韶山$_3$型电力机车主变压器次边开路故障．广东铁道,2010,1:45-47.

[11]刘新良．电力机车主变压器特征气体含量严重异常的分析与处理．变压器,2012,49(4):73-76.

[12]刘友梅．韶山$_3$型4000系电力机车．北京:中国铁道出版社,1996.

[13]刘友梅．韶山$_3$型电力机车．北京:中国铁道出版社,1994.

[14]刘友梅．韶山$_{6B}$型电力机车．北京:中国铁道出版社,2003.

[15]谢步明．韶山$_7$型电力机车．北京:中国铁道出版社,1998.

[16]赵叔东,刘友梅．韶山$_8$型电力机车．北京:中国铁道出版社,1998.

[17]余卫斌,朱龙驹．韶山$_9$型电力机车．北京:中国铁道出版社,2005.